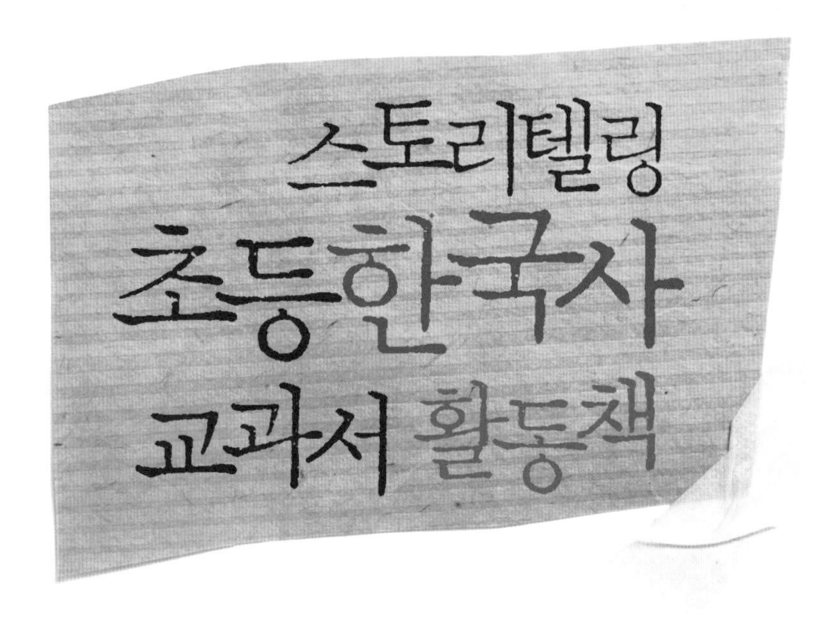

② 고려 시대부터 조선 후기까지

이정화 · 김정화 · 최이선 지음
조성덕 · 경혜원 그림

북멘토

나도 스토리텔러가 될 수 있어요

이 책은 『스토리텔링 초등 한국사 교과서』를 바탕으로 초등 5~6학년 한국사 지식을 총정리하는 활동지예요. 이 책과 함께 우리 역사를 느끼고, 곱씹고, 삼키고, 생각하고, 표현해 봐요. 어느새 내 마음속에 살고 있는 역사 이야기꾼을 발견하게 될 거예요.

느끼고

한 장의 그림이 들려주는 역사 이야기

시대별 명장면을 그림 22폭에 담았어요. 활동지를 풀기 전에 가벼운 마음으로 그림을 감상해 보세요.

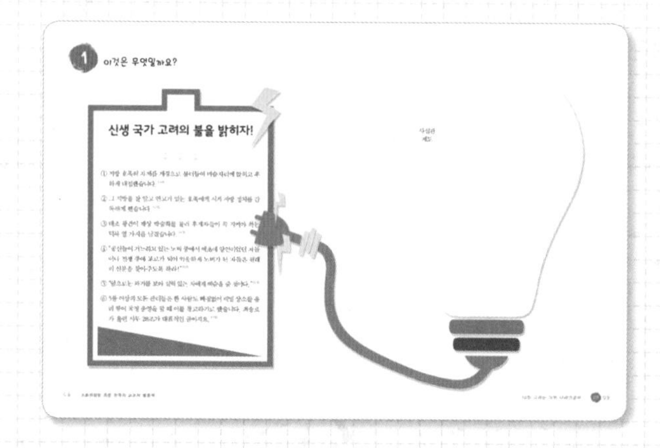

곱씹고

열쇳말로 핵심 쏙쏙

현직 초등학교 선생님이 5~6학년 핵심 역사 지식을 단답형 퀴즈에 담았어요. 문제가 어렵다면 힌트로 적어 둔 쪽수를 『스토리텔링 초등 한국사 교과서』에서 확인하세요. 자연스럽게 복습이 돼요.

삼키고

한눈에 보이는 한국사

구슬이 서 말이라도 꿰어야 보배! 역사가 단편적 지식에 머물지 않게, 큰 흐름과 인과 관계를 느낄 수 있게, 때로는 통사 때로는 주제사를 연표·지도·주사위놀이·퀴즈 속에 녹였어요.

생각하고

내 눈으로 바라보는 역사

혼자 할 때는 논술, 친구·선생님·부모님과 함께할 때는 토론이 되는 역사논술 코너. 막막할 때는 답지 속 '생각열쇠'를 참고하세요. 오랜 시간 초중고 학생들과 함께 공부해 온 현직 논술 선생님이 친절한 길잡이가 되어 줍니다.

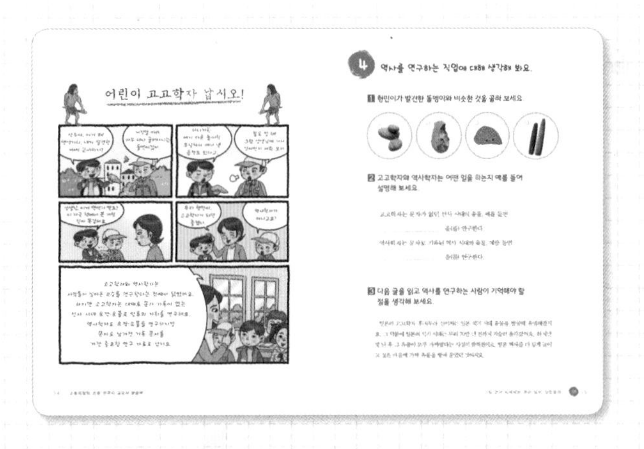

표현하고

내 마음에 담아 내는 역사

역사를 그림일기, 만화, 노래, 지도, 편지의 소재로 활용해 봐요. 나만의 감수성과 자유로운 상상력이 중요해요. 국어·미술·음악·사회 과목이 역사와 만나는 융합 수업 코너랍니다.

차례

고려 시대부터 조선 후기까지

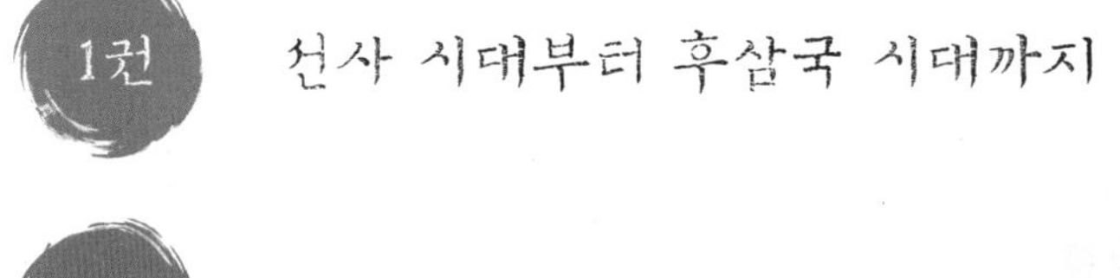

1권 선사 시대부터 후삼국 시대까지

3권 동학 농민 운동부터 현대까지

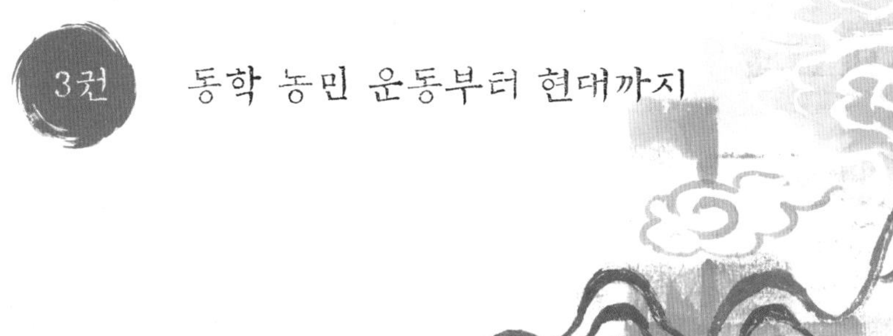

10장 | 고려는 어떤 나라였을까

이것은 무엇일까요?

신생 국가 고려의 불을 밝히자!

① 지방 호족의 자제를 개경으로 불러들여 벼슬 자리에 앉히고 후하게 대접했습니다. 13쪽

② 그 지방을 잘 알거나 연고가 있는 호족에게 시켜 지방 정치를 감독하게 했습니다. 13쪽

③ 태조 왕건은 세상을 떠나기 전에 후계자들이 꼭 지켜야 할 덕목 열 가지를 남겼습니다. 14쪽

④ 공신들이 거느린 노비 중에서 애초에 양인이었던 자나 전쟁 중에 억울하게 노비가 된 자의 신분을 원래대로 회복시켜 주었습니다. 14~15쪽

⑤ 특정 가문 자제들이 벼슬자리를 독차지하는 일이 없도록 실력 있는 사람을 가려 내는 시험을 실시했습니다. 15쪽

⑥ 5품 이상의 모든 관리들은 한 사람도 빠짐없이 비밀 상소를 올려 왕이 국정 운영을 할 때 이를 참고하게 했습니다. 최승로가 올린 시무 28조가 대표적인 글이지요. 16~17쪽

1
기인
제도
2
3
4
5
6

사다리 아래 빈칸에 들어갈 말은 무엇일까요?

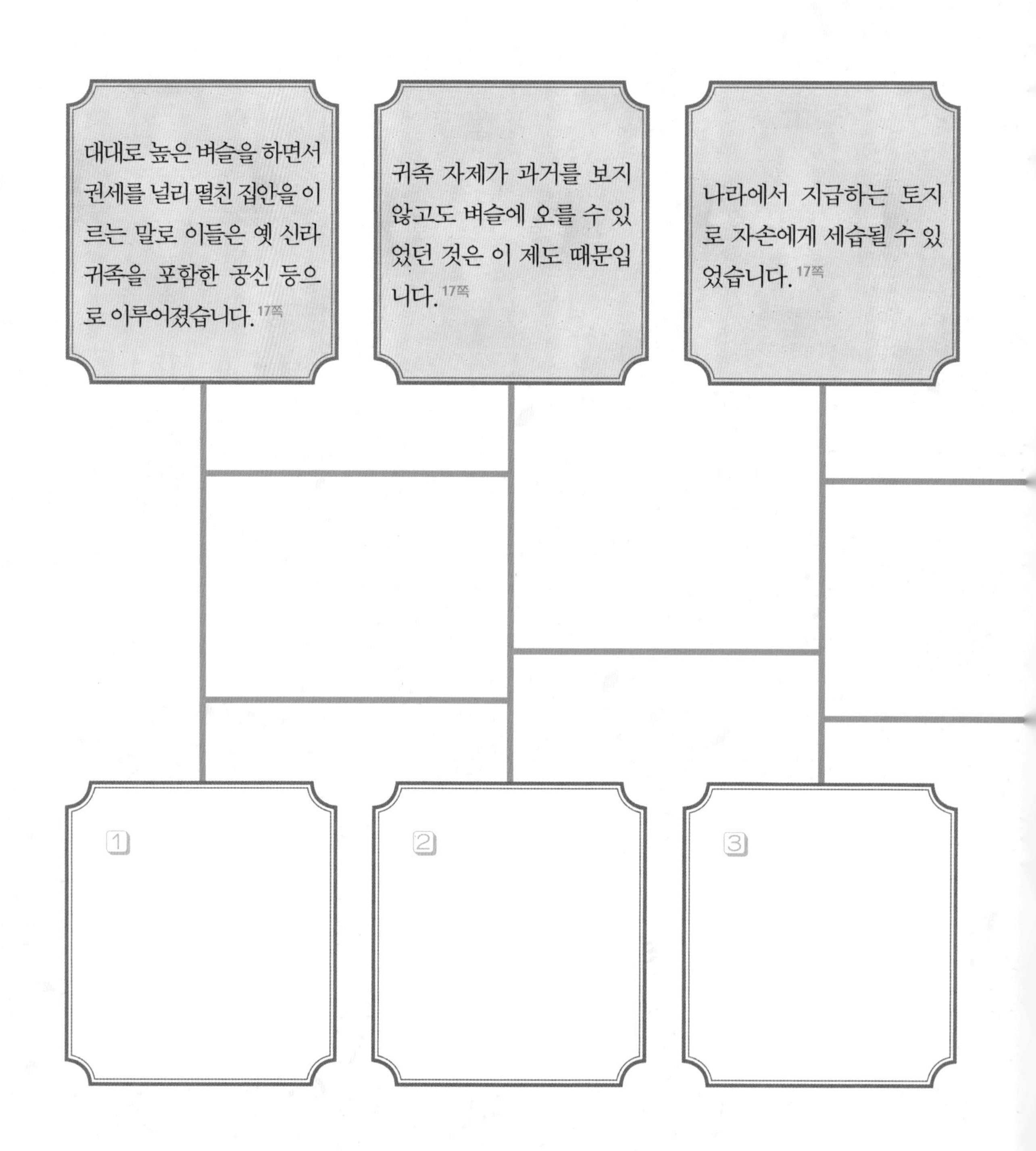

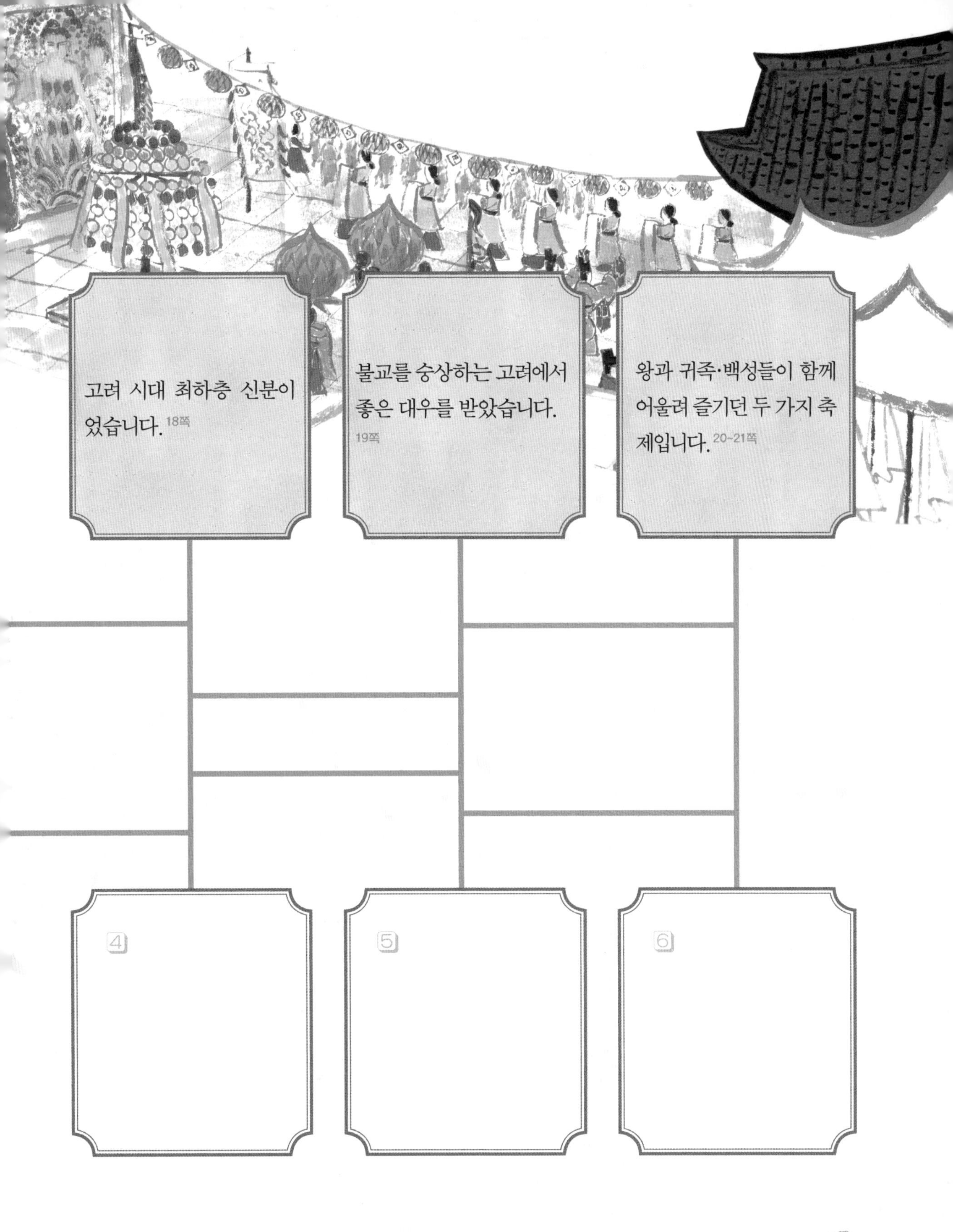

고려 시대 최하층 신분이 었습니다. 18쪽

불교를 숭상하는 고려에서 좋은 대우를 받았습니다. 19쪽

왕과 귀족·백성들이 함께 어울려 즐기던 두 가지 축제입니다. 20~21쪽

4

5

6

내가 팔관회의 특별 식순을 만든다면?

당신을 팔관회에 초대합니다

언제 오는 11월

어디서 우리네 서울 개경

나라의 번영을 기원하는 축제, 팔관회는 신분에 관계없이 누구나 참석해서 즐길 수 있답니다.

함께 즐겨요, 팔관회!

고정 식순

1. 왕실 시조와 토속 신께 올리는 제사
2. 밤새 어둠을 밝히는 야간 등불 행사
3. 다양한 공연과 가장행렬

특별 식순

❖ 가장무도회 개최! 가면을 쓰고 다 함께 춤을!

❖

❖

❖

21세기 대통령의 훈요 10조를 만들어 보세요.

태조 왕건의 훈요 10조

1. 불교를 일으켜라.
2. 승려들끼리 싸우는 일이 없도록 하라.
3. 덕이 있는 자에게 왕위를 잇도록 하라.
4. 거란의 풍습을 따르지 마라.
5. 서경에 연 100일 이상 머물러라.
6. 연등회, 팔관회 등 중요한 행사를 잘 챙겨라.
7. 상벌을 분명히 하여 백성의 인심을 잃지 마라.
8. 변란의 위험이 있으니 차령산맥 이남 사람에게는 벼슬을 함부로 주지 마라.
9. 관리들의 녹봉을 마음대로 높이지 마라.
10. 유교 경전과 역사책을 많이 읽어라.

21세기 대통령의 훈요 10조

1. 종교의 자유를 보장하라.

2.

3.

4.

5.

6.

7.

8.

9.

10.

11장 | 외세의 침략과 왕실의 혼란

이름을 따라 쓰고 빈칸을 채워 보세요.

거란족

서희

나는 _____이 으름장을 놓는 것을 보며 이 것은 진짜 고려를 정복할 속셈이 아니라 고려를 자기편으로 만들려는 협박이라는 점을 알아챘지요. 그래서 소손녕과 외교 담판을 지어 _____를 고려 땅으로 만들었습니다. 25~27쪽

①

②

강감찬

거란이 세운 요나라가 두 번째로 고려를 침략했을 때, 나는 주변 모든 병력을 _____ 벌판으로 모았소. 부하 장수는 내 계획에 반대했지만 바람을 등지고 싸워 우리는 큰 승리를 얻었소. 28~29쪽

③

윤관

나는 임금님께 기병이 중심 되는 군대를 따로 만들 것을 제안했습니다. 그래서 _____이 편성되었지요. 이 군대는 신기군, 신보군, 항마군으로 조직되었습니다. 나는 북쪽으로 진출해 여진으로부터 땅을 빼앗아 9개의 성을 쌓았고, 이것은 _____이라고 불렸지요. 31~32쪽

④

꾸며 주는 말을 써 보세요.

고려 시대에는 세상을 발칵 놀래킨 시끌벅적한 난리들이 많았어요. 각각의 사건을 평가해 보고, 그 사건을 꾸며 주는 말을 자유롭게 적어 보세요.

오, 아쉬워라 묘청의 난

______ 이자겸의 난

______ 무신정변

______ 만적의 난

______ 망이·망소이의 난

윷놀이를 하며 퀴즈를 풀어요.

❖ 책 맨 뒤에 놀이법, 주사위, 말이 마련되어 있어요.

❖ 서로 편이 다른 말끼리 겹치면 나중에 온 말이 먼저 온 말을 '잡았다'고 해요. 이때 잡힌 편은 퀴즈 찬스를 사용하세요. 정답을 맞추면 그 자리에 남을 수 있지만, 틀리면 잡힌 말은 맨 처음으로 돌아가 다시 시작해요.

알쏭달쏭 퀴즈찬스

① 왕의 외척으로 인종을 별궁에까지 가두며 횡포를 부린 고려 최고 문벌 귀족의 이름은?34쪽

② 서경 천도를 주장하다 계획이 무산되자 아예 '대위국'을 세운 사람은?36쪽

③ 의종이 왕이 되어 왕권은 추락하고, 문신들에 비해 불이익을 받는다고 생각한 무신들이 정중부를 중심으로 한뢰를 죽이고 왕을 바꾼 사건은?40쪽

④ 무신 정권은 정중부·경대승·☆☆☆·최충헌의 순서로 이어지는데, 천민 출신인 ☆☆☆의 이름은?40~41쪽

⑤ 최충헌과 최우 부자는 권력을 이용해 사병기구인 ★★과 관리를 제멋대로 심사하고 임명할 수 있는 ●●을 설치했는데, ★★과 ●●에 알맞은 말은?41쪽

⑥ '왕후장상의 씨가 따로 있느냐?'면서 난을 일으키려 했던 노비의 이름은?41쪽

서투름이 이기고 교묘함이 지는 게 더욱 놀라워,
강함이 약함을 삼키고도 토하니 승부를 예측할 수 없구나.

_고려 학자 '목은 이색'의 말

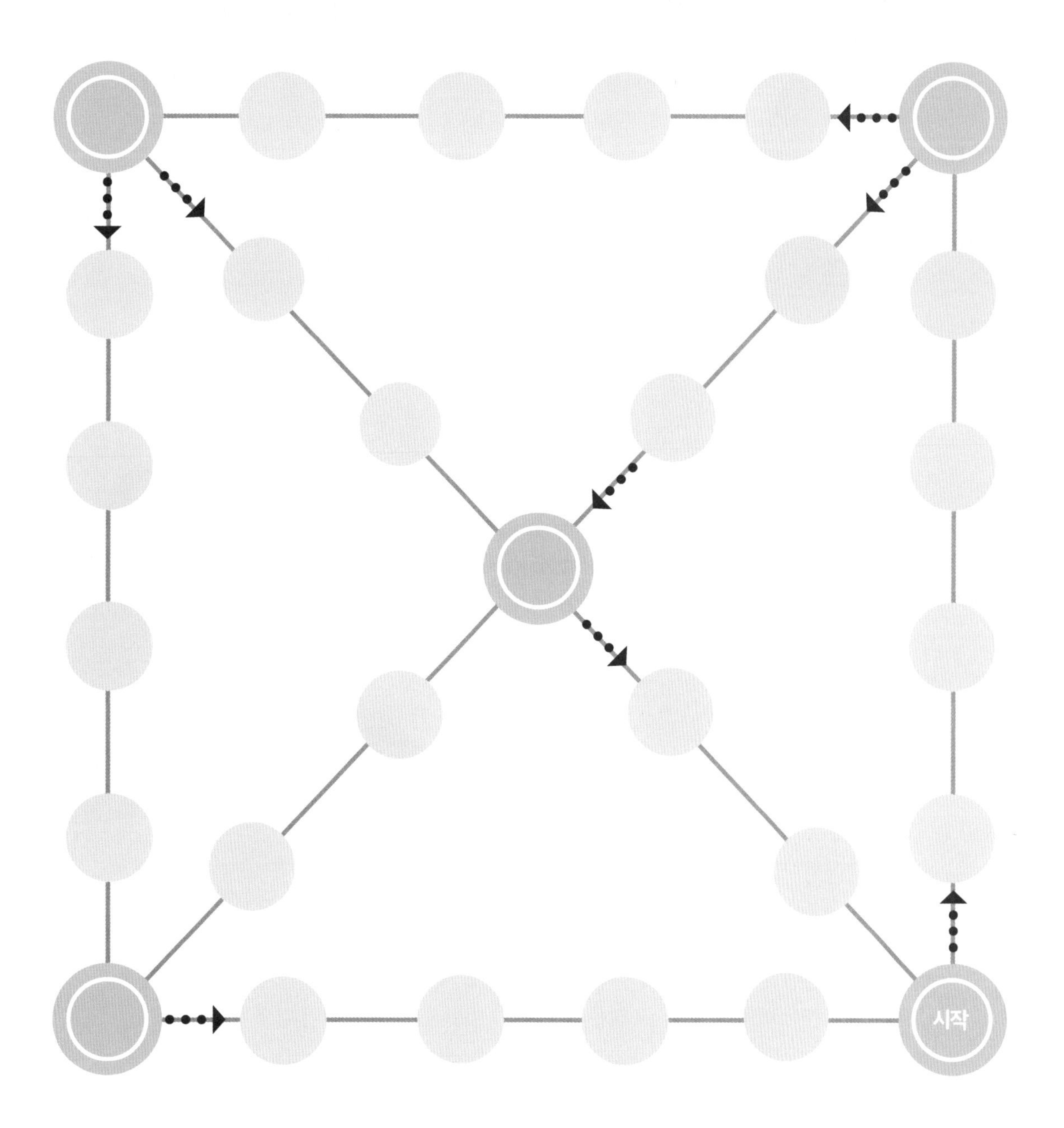

역사책의 역할에 대해 생각해 보세요.

내가 어명을 받고 쓴 『삼국사기』는 총 50권이오. 이 책으로 우리는 삼국과 통일신라의 역사를 기억하게 될 터. 뿐만 아니라 먼 훗날 후손들은 삼국은 물론 우리 고려의 문화에 대해서까지 알게 될 게요.

나는 『삼국사기』에서 제외된 것 중 중요하다고 생각하는 내용을 모아 『삼국유사』를 쓰려 애썼소. 『삼국사기』와 더불어 삼국 시대의 역사와 문화를 종합적으로 전해 주는 소중한 자료가 될 것이오.

『삼국사기』와 『삼국유사』는 둘 다 삼국 시대를 다룬 역사서예요. 이 중 『삼국사기』를 쓴 김부식은 고려 인종 때 최고위 관리로 일했어요. 『삼국유사』를 쓴 일연은 고려 충렬왕 때 승려로 학식이 높고 이야기 재주가 남다른 사람이었지요. 두 역사가는 서로 다른 시대에 태어나 서로 다른 입장에서 책을 썼어요. 두 책은 어떤 면이 비슷하고, 어떤 면이 다를까요?

1 『삼국사기』, 『삼국유사』는 각각 어떤 책인지 설명해 보세요.

2 다음 글을 읽고 좋은 역사책이란 어떤 것인지 자신만의 생각을 정리해 보세요.

철수 『삼국사기』를 쓴 김부식은 신라를 더 좋아하는 것 같아. 신라·고구려·백제 순으로 썼고, 신라에 대한 내용이 제일 많아.

영희 하지만 『삼국사기』를 쓰면서 참고할 수 있는 책이 신라 것이 많았기 때문에 어쩔 수 없는 점도 있어. 스님인 일연이 『삼국유사』를 쓰면서 불교와 관련된 내용을 많이 쓴 것도 자연스러운 일이야.

5 반성문을 써 보세요.

1 고려 시대에 일어난 여러 가지 사건을 생각나는 대로 적어 보세요.

2 1과 관계된 인물 중 한 사람을 골라 그가 쓴 반성문을 상상해 보세요.

12장 | 몽골과의 30년 전쟁

빈칸을 채워 보세요.

① 무신 정권 시대, ______ 의 칭기즈 칸은 유라시아 대륙을 휩쓸며 세력을 떨치더니 고려에 손을 뻗쳤습니다. 44쪽

② 몽골군은 박서와 김경손이 버티는 ______ 만큼은 열지 못했습니다. 45쪽

③ 개경이 포위되자, 고려 조정은 몽골에 조공을 약속했고, 몽골군은 고려 서북쪽 성 40곳에 ______ 를 남겨 두고 돌아갔습니다. 47쪽

④ 몽골과 끝까지 싸울 것을 결심한 최우는 수도를 ______ 로 옮겼습니다. 이것은 몽골군이 두 번째로 고려를 침략하는 원인이 되었습니다. 48~49쪽

⑤ 개경 환도를 요구하며 쳐들어온 몽골군이 남쪽으로 향할 때 충주로 가는 길목의 ______ 에서 승려 김윤후는 적장 살리타를 활로 쏘아 죽였습니다. 49~50쪽

⑥ 배중손을 중심으로 한 ______ 병사들은 몽골과 끝까지 싸우겠노라고 선언했습니다. 53쪽

⑦ 살아남은 삼별초는 김통정의 지휘 아래 진도에서 ______ 로 근거지를 옮겼습니다. 55쪽

2 글자를 조합해 빈칸을 채워 보세요.

① 원나라 황실은 고려 왕실을 빈틈없이 감시하기 위해 충성심 강한 왕족을 심주·요양 지방에 두었는데, 그를 ☐☐이라고 불렀습니다. 그를 통해 고려 왕실의 움직임은 사사건건 원나라 황실에 전해졌지요. 59쪽

답: ☐☐

② 원나라는 고려 왕의 묘호에 '조'나 '종'을 붙이지 못하게 하고 대신 ☐ 자를 넣게 했는데, 이것은 고려 왕이 원나라에 충성했다는 의미에서 붙여진 것이었습니다. 60쪽

답: ☐

③ 고려 사람은 ☐☐과 ☐☐ 등 여러 가지 몽골식 풍습을 강요당했습니다. 오늘날에도 그 흔적이 남아 있는데 전통혼례 때 신부 머리에 쓰는 족두리나 신부 뺨에 찍는 연지가 대표적이지요. 60~61쪽

답: ☐☐, ☐☐

④ 원나라는 고려 인삼과 매, 말 등을 공물로 빼앗아 갔고, 심지어 젊은 여자들도 강제로 데려갔습니다. 이를 '공녀'라 하는데 원나라 황후가 된 고려 여인 ☐☐도 본래 공녀로 원나라에 건너간 사람입니다. 60쪽

답: ☐☐

8만 번째 대장경판 만들던 날

3 고려의 문화유산, 대장경에 대해 생각해 봐요.

1 고려에서 만든 대장경판을 소개해 보세요.

고려가 대장경판을 만든 목적은 ______________________

____

현재 대장경판은 ______________________________

____

2 고려가 대장경을 만든 것에 대해 어떻게 평가하는지 내 의견과 근거를 적어 보세요.

전쟁하기에도
바빴을 텐데
왜 대장경을
만들었을까?

4 질문에 답해 보세요.

1 김윤후 장군은 어떤 사람인가요?

2 김윤후 장군이 충주성 전투를 앞두고 연설을 합니다. 어떤 내용일까요?

곧 몽골군이 쳐들어올 것이다. 그러나 ______________

5 전쟁을 막고 평화를 부르는 부적을 만들어요.

부적은 나쁜 일을 쫓고 행운을 부르기 위해 글씨를 쓰거나 그림을 그려서 소원을 담은 종이예요. 선사 시대 동굴 벽화 또한 부적으로 볼 수 있어요. 벽화를 그려 사냥에 성공하길 기도했으니까요. 요즘 사람들은 화재를 막기 위해 '물 수(水)'를 써서 거꾸로 붙이는가 하면, 봄에 좋은 일이 생겼으면 하고 '입춘대길(立春大吉)'을 써 붙여요. 고려 사람들을 위해 몽골의 침략을 막아 주는 부적을 만들어 볼까요?

13장 | 흔들리는 고려

라디오 잡음 때문에 들리지 않은 말은 무엇일까요?

공민왕 속보 그 현장!

65쪽

김기자 공민왕의 개혁 정치에 대한 뉴스 속보 전해드리겠습니다. 먼저 공민왕을 이 자리에 모셔 직접 이야기를 들어 보겠습니다. 안녕하세요.

공민왕 안녕하십니까.

김기자 이번 개혁 정치에 대해서 간단히 설명해 주시기 바랍니다.

공민왕 네. 먼저 몽골식 지직과 지직을 금지시키고, 이를 어기는 자에게 엄한 벌을 주었습니다. 뿐만 아니라 원나라의 연호를 폐지하고, 정동행중서성 지지지를 폐지했습니다. 또 원나라가 우리 고려 땅에 설치했던 지직지직지를 공격해 철령 이북의 고려 영토를 되찾았습니다.

김기자 네. 하지만 예상치 못한 일이 벌어졌다지요?

공민왕 네. 만주 지역을 떠돌며 원나라와 전투를 벌이던 지지직이 원나라의 반격이 거세지자 우리 고려로 밀려들었습니다. 그래서 저는 안동까지 피난을 했습니다.

1 지직 : 변발
2 지직 :
3 지지지 :
4 지직지직지 :
5 지지직 :

『고려사』를 순서에 맞게 엮어 보세요.

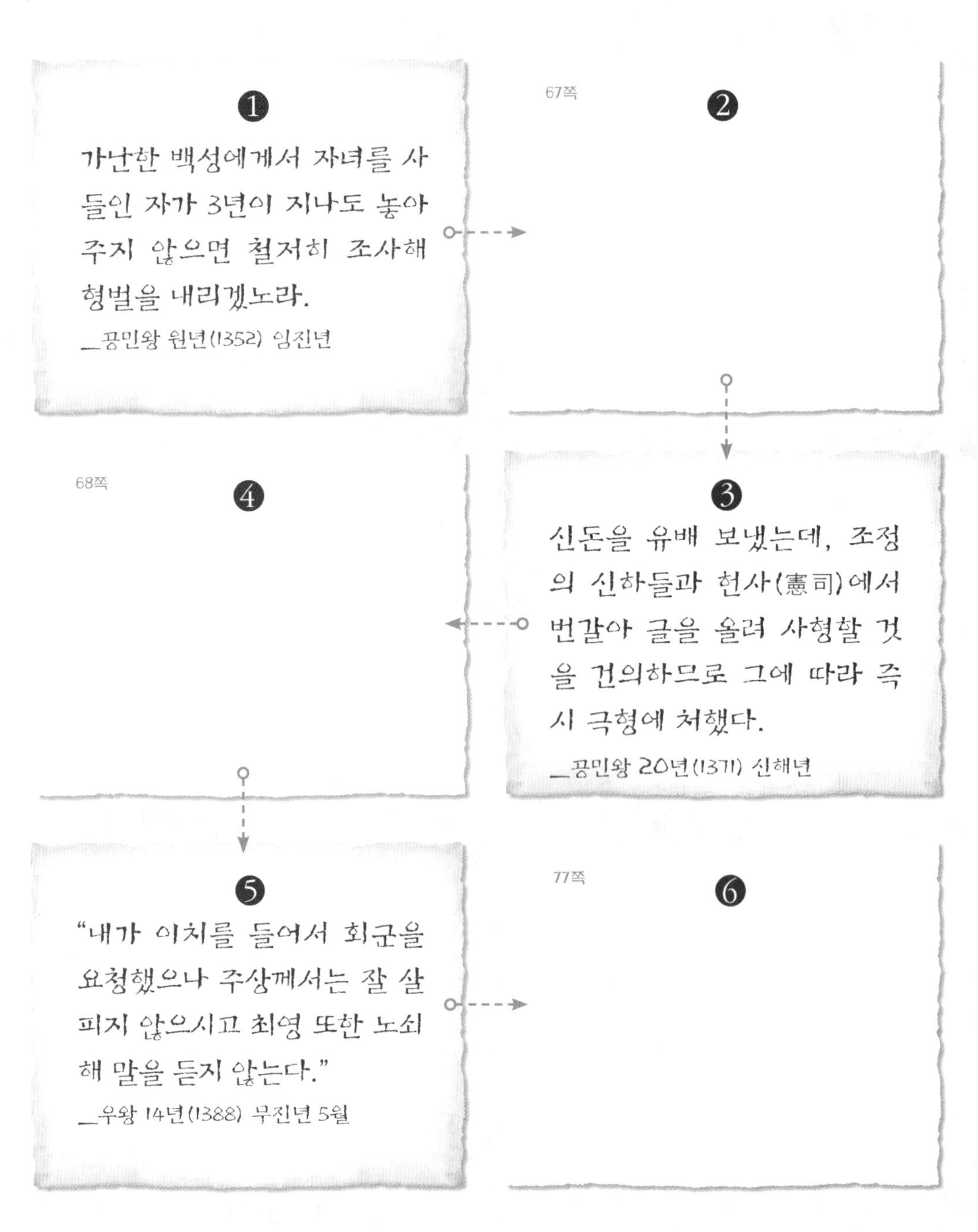

❖ 조선 시대에 편찬된 『고려사』는 오늘날 고려 역사를 공부하는 사람들이 꼭 거쳐야 할 핵심 자료예요. 다음 글이 들어갈 위치를 찾아 보세요.

ㄱ 당시 왜적들은 노약자를 배에 태워 돌아갈 것처럼 꾸미고는 몰래 정예군 수백 명을 내륙 깊숙이 보내 약탈을 감행하니 … 이에 최영이 … 홍산으로 급히 가 전투에 임했다. … 적 한 명이 수풀 속에 숨어 있다가 활로 최영의 입술을 쏘아 맞추는 바람에 피가 낭자하게 흘렀으나, 태연자약하게 적을 쏘아 거꾸러뜨린 다음 입술에 박힌 화살을 빼냈다._우왕 2년(1376) 병진년

ㄴ 신돈을 수정이순논도섭리보세공신벽상삼한삼중대광·영도첨의사사사·판감찰사사·취성부원군·제조승록사사 겸 판서운관사로 임명했는데 신돈은 곧 편조를 말한다.

_공민왕 14년(1365) 을사년

ㄷ 태종이 때를 놓칠 수 없다고 하며, 정몽주가 돌아갈 때 조영규 등 너덧 명을 보내어 길에서 그를 격살하게 하니 나이 쉰여섯이었다._공양왕 4년(1392) 임신년 4월

출처: 『국역 고려사-세가』, 경인문화사, 2008
『국역 고려사-열전』, 경인문화사, 2006

질문을 읽고 답해 보세요.

1 누구의 그림자일까요?

지금 요동을 정벌하는 것은 불가능하옵니다. 작은 나라가 큰 나라를 치는 것은 매우 어려운 일이며, 농사철이라 군사를 모으기가 어렵습니다. 또 요동 정벌을 위해 남쪽의 방비가 허술해지면 왜구가 설칠 것입니다. 뿐만 아니라 이 같은 장마철에는 무기가 녹슬고 전염병이 돌기 쉽습니다. 지금은 아니 되옵니다.

아니옵니다. 명나라가 큰 나라이긴 하나 그 나라 형편상 요동까지 신경 쓸 겨를이 없을 것이며 그래서 요동의 방비가 매우 허술합니다. 요동은 기름진 땅이니 여름에 공격해야 가을에 풍부한 식량을 얻을 수 있으며, 명나라 군사들은 장마철에 싸우기를 좋아하지 않으니 오히려 고려군의 사기를 높이면 성공할 수 있사옵니다.

2 내가 만약 왕이라면 누구의 말에 귀를 기울일까요? 왕이 되어 최영 또는 이성계를 설득해 보세요.

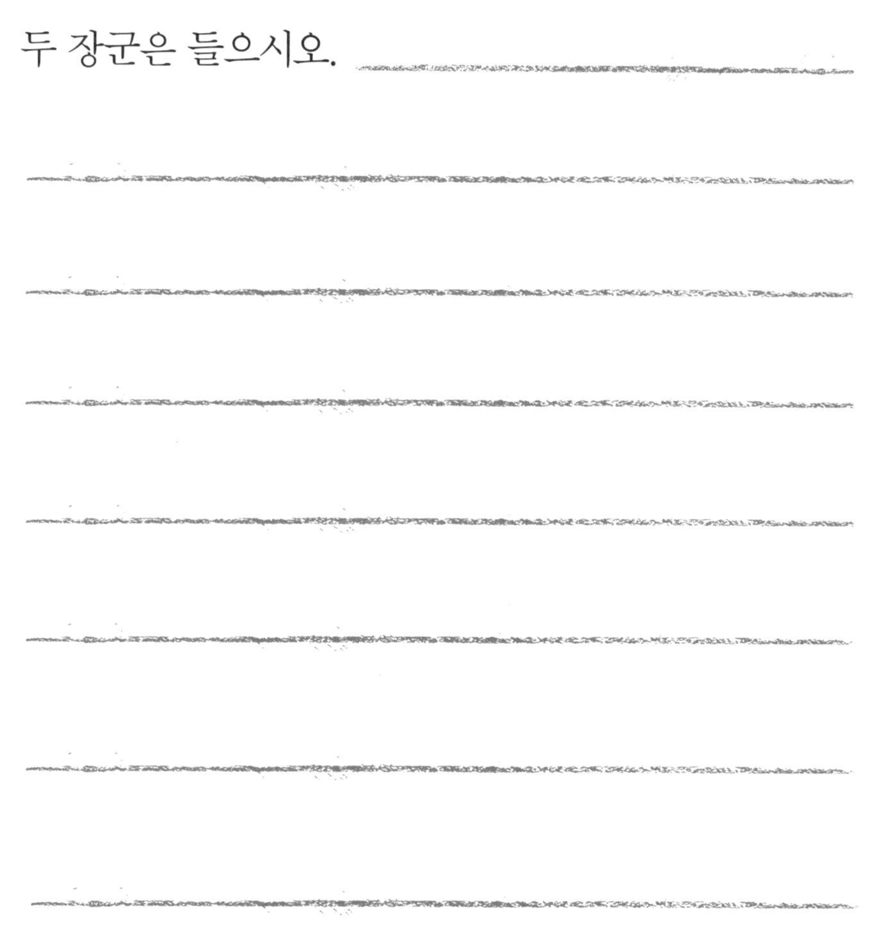

두 장군은 들으시오.

4 질문을 읽고 답해 보세요.

1 고려 시대를 소재로 한 컷 만화를 그려 보려고 합니다. 다음 중 에서 소재를 한 가지 골라 보세요.

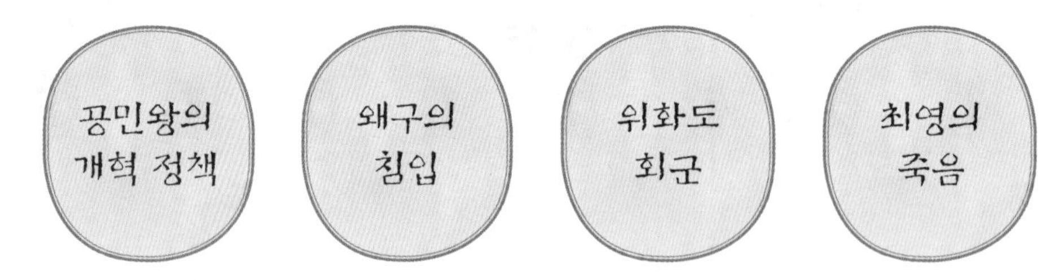

2 어떤 장면을 만화에 담고 싶은지 생각해 보세요.

3 2에서 생각한 내용에 어울리는 만화 제목을 붙이고 오른쪽 빈칸에 만화를 그리세요.

고려일보

13☆☆년 ☆월 ☆일

공민왕이 왕위에 오른 뒤부터 왜구는 한반도 해안 곳곳을 누비며 고려 백성들을 해치고 약탈을 일삼았습니다. 그 때문에 농토는 황폐해졌고, 백성들은 굶어 죽어 갔습니다. 나라에서는 세금을 거두지 못해 왕실 재정마저 위태로운 지경에 빠졌지요. 이에 공민왕의 뒤를 이어 왕위에 오른 우왕32대은 우선 나흥규와 정몽주를 일본에 사신으로 보내 왜구의 문제를 해결하려 했습니다. 하지만 그것으로도 왜구는 줄어들지 않았습니다. 오히려 왜구는 해안을 벗어나 내륙 지역인 홍산충남 부여까지 손을 뻗쳤습니다. 이때 최영 장군이 나섰습니다. 우왕은 그의 나이 예순을 넘겼음을 걱정하며 말렸지만, 최영은 기필코 싸움터에 나섰지요. 최영은 입술이 화살에 스치는 부상을 당하면서도 적장을 죽이고 왜구를 쫓아 버렸습니다. 한편 황산에서는 이성계가 왜구를 물리쳤습니다. 이성계는 전라도 남원의 운봉현 쪽으로 들어가 진을 친 다음 돌격대를 이끌고 운봉현 반대편인 황산으로 올라가 적진을 먼저 살폈습니다. 그리고 내려와 장수들에게 말했습니다.

"여러 갈래로 나누어 왜구의 진지를 공격하시오. 나는 계곡 쪽으로 난 지름길로 놈들의 중앙을 공격할 것이오."

이윽고 화살 부대가 대우전과 유엽전 화살의 한 종류을 쏘고, 뒤이어 칼을 쓰는 병사들이 달려들었습니다. 먼저 발을 빼기 시작한 것은 왜구였습니다. 이성계의 일사분란한 공격에 더 버틸 재간이 없었던 것이지요. 특히 이성계의 화살이 적장의 목을 꿰뚫자 왜구들은 겁을 집어먹었습니다. 싸움은 고려군의 대승으로 끝났습니다.

위화도 회군과 고려의 멸망

최무선과 이성계, 최영 등이 왜구를 토벌하고 있을 즈음, 북방에서는 원나라가 차츰 힘을 잃고, 대신 명나라가 서서히 위력을 떨치고 있었습니다. 명나라는 고려가 원나라와의 관계를 끊고 자신들에게 조공하기를 원했습니다. 그러더니 1388년에는 명나라가 철령 이북의 땅을 요동부에 귀속하고 철령위를 설치한다고 통보해 왔습니다. 애초에 철령 이북의 땅은 원나라가 쌍성총관부를 두어 다스리던 곳이었습니다. 자신들이 원나라를 물리쳤으니 이제 그 땅을 자신들이 갖겠다는 것이었습니다. 우왕은 서둘러 사신을 통해 원래 철령 이북의 땅은 고려 땅이었다는 내용의 편지를 보냈습니다. 그러나 명나라는 오히려 군사 1000명을 보내 철령 이북의 땅을 점령하려 했습니다. 이때 최영이 나서서 명나라를

14장 | 조선의 건국과 발전

1 나는 누구일까요?

○ 도덕적으로 뛰어난 임금이 백성을 어버이와 같은 마음으로 다스리는 '왕도 정치'를 하겠다고 결심했어요.

○ 나라의 허가를 받아야만 스님이 될 수 있는 '도첩제'를 실시했어요.

○ 명나라는 받들어 모시고, 여진이나 일본과는 전쟁을 피하고 우호적으로 지내는 '사대교린' 정책을 추진했어요.

나는

______________ 입니다.

82~83쪽

우리는 새 나라 조선을 만드는 데 앞장섰어요.

- 이성계와 손을 잡고 성리학 사상을 기틀로 한 새 나라 조선을 만들었어요.
- 정몽주와 절친한 친구 사이였지만 새 나라에 대한 꿈 때문에 등을 돌리게 되었어요.
- 신하가 중심이 되어 나랏일을 이끄는 세상을 꿈꾸었어요. 왕의 힘이 너무 세면 왕 마음대로 나라를 좌우하기가 쉬우니까요.

나는

____________ 입니다.

81쪽, 84쪽

책 소개글을 읽고 제목을 적어 보세요.

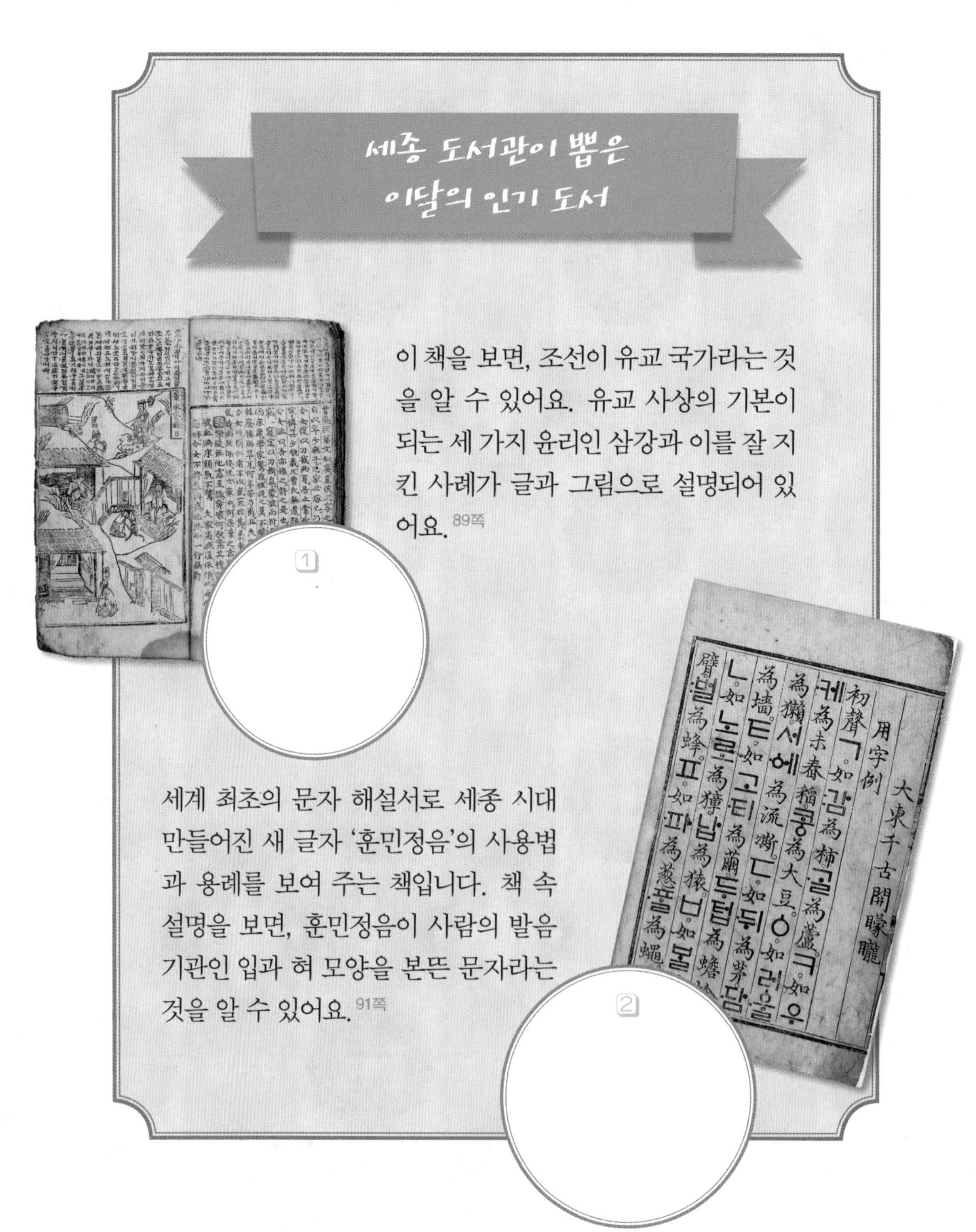

세종 도서관이 뽑은 이달의 인기 도서

이 책을 보면, 조선이 유교 국가라는 것을 알 수 있어요. 유교 사상의 기본이 되는 세 가지 윤리인 삼강과 이를 잘 지킨 사례가 글과 그림으로 설명되어 있어요. 89쪽

1

세계 최초의 문자 해설서로 세종 시대 만들어진 새 글자 '훈민정음'의 사용법과 용례를 보여 주는 책입니다. 책 속 설명을 보면, 훈민정음이 사람의 발음 기관인 입과 혀 모양을 본뜬 문자라는 것을 알 수 있어요. 91쪽

2

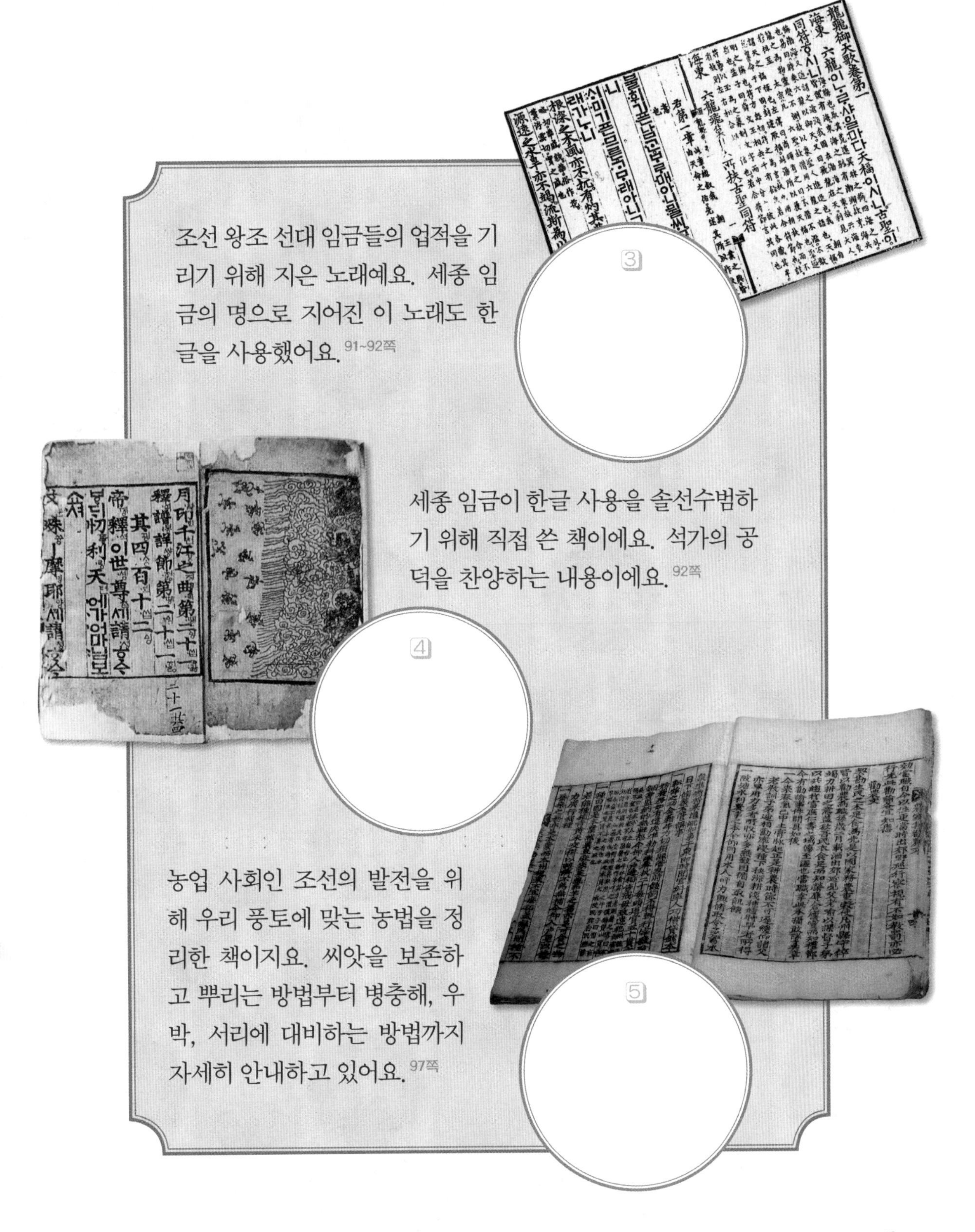

조선 왕조 선대 임금들의 업적을 기리기 위해 지은 노래예요. 세종 임금의 명으로 지어진 이 노래도 한글을 사용했어요. 91~92쪽

③

세종 임금이 한글 사용을 솔선수범하기 위해 직접 쓴 책이에요. 석가의 공덕을 찬양하는 내용이에요. 92쪽

④

농업 사회인 조선의 발전을 위해 우리 풍토에 맞는 농법을 정리한 책이지요. 씨앗을 보존하고 뿌리는 방법부터 병충해, 우박, 서리에 대비하는 방법까지 자세히 안내하고 있어요. 97쪽

⑤

왕 이름을 써 넣고 나무를 설명해 보세요.

조선이 나무라면

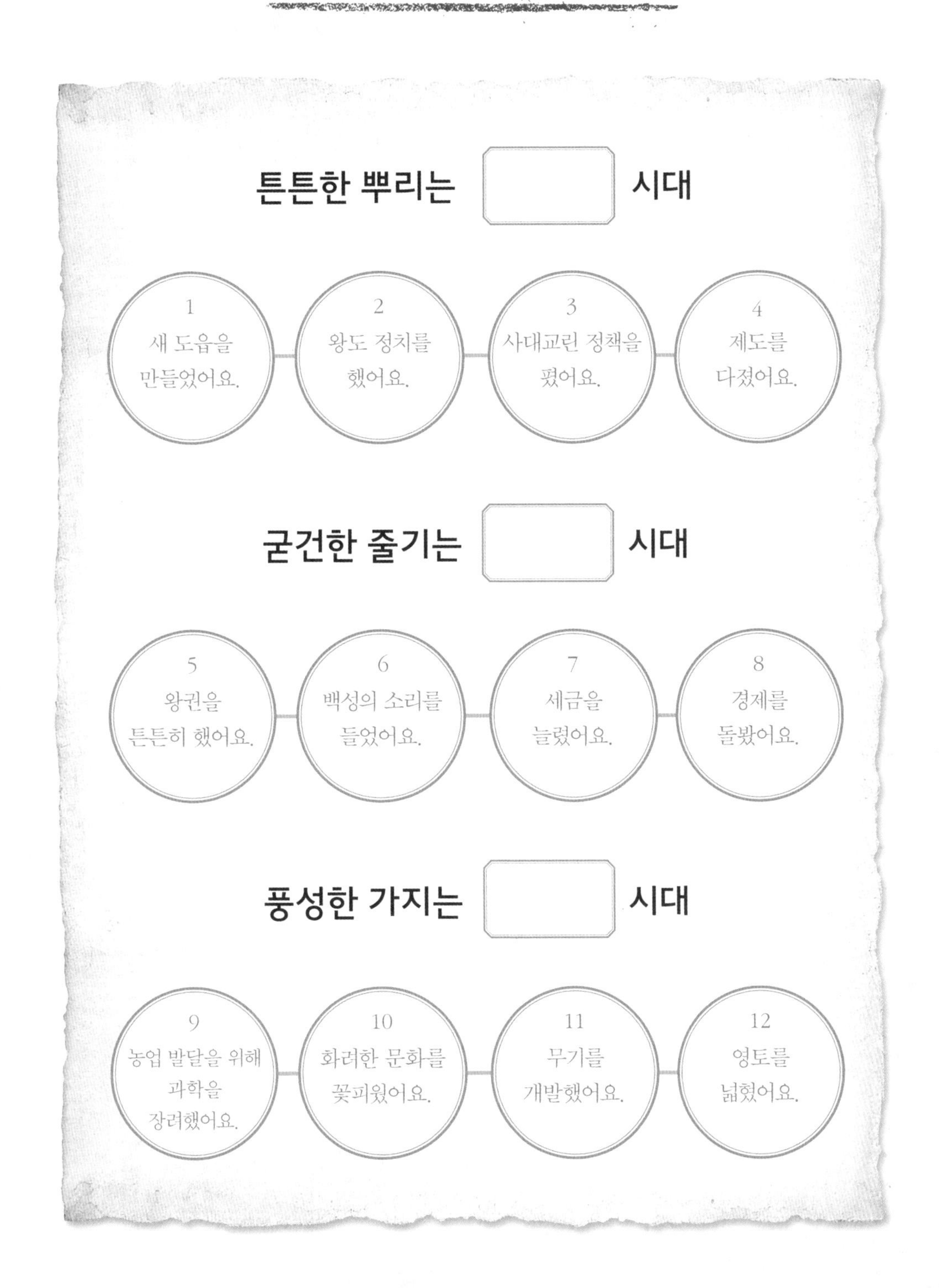

튼튼한 뿌리는
시대
1
새 도읍을
만들었어요.
2
왕도 정치를
했어요.
3
사대교린 정책을
폈어요.
4
제도를
다졌어요.
굳건한 줄기는
시대
5
왕권을
튼튼히 했어요.
6
백성의 소리를
들었어요.
7
세금을
늘렸어요.
8
경제를
돌봤어요.
풍성한 가지는
시대
9
농업 발달을 위해
과학을
장려했어요.
10
화려한 문화를
꽃피웠어요.
11
무기를
개발했어요.
12
영토를
넓혔어요.

내가 발명품 대회에 나간다면?

제가 이번에 만든 발명품은 ....

....

....

....

5 세종대왕을 생각하며 네 칸 만화를 그려 보세요.

❖ 그림과 대사로 표현해 보세요. 그림에 자신이 없다면? 대사와 지문만으로 표현해도 좋아요. 제목도 붙여 보세요.

15장 | 사화와 국난의 극복

1 별이 표시된 빈칸 여섯 개를 채워 보세요.

경국대전
동국통감
동문선
삼사
무오사화
사화
105쪽
조광조
인재등용
기묘사화
예종
성종
연산군
중종
수렴청정
을사사화
사림
통신사
임진왜란
인종
명종
112쪽
임꺽정
이순신

2 사건 노트의 빈칸을 채우세요.

No. 1

- 사건 : 무오사화
- 발생 : 1498년
- 주요인물 : 임금 ① ______ ,
  사림파 김일손,
  훈구파 이극돈·유자광
- 배경 : 사림파와 훈구파의 권력 다툼
- 원인 : 훈구파에서 김종직의 『조의제문』을 문제 삼음
- 결과 : 사림파 선비들이 유배됨. 김종직의 무덤을 파 다시 한 번 처형시킴

103~104쪽

No. 2

- 사건 : 갑자사화
- 발생 : 1504년
- 주요인물 : 연산군, 사림파 김굉필, ② ______ 왕실 사돈
- 배경 : 연산군의 향락, 임사홍이 연산군의 폭정을 부추김
- 원인 : 연산군이 어머니의 죽음에 대한 경위를 알게 됨
- 결과 : 김굉필 죽음, 연산군 몰락

104~105쪽

No. 3

- 사건 : 기묘사화
- 발생 : 1519년
- 주요인물 : 중종, 훈구파 아비를 둔 희빈 홍씨, 사림파 조광조 등
- 배경 : 조광조의 개혁 정책
- 원인 : 주초위왕 사건
- 결과 : ③ [ ] 선비들의 죽음

106~108쪽

No. 4

- 사건 : 을사사화
- 발생 : 1545년
- 주요인물 : 명종, 문정 왕후, 윤원형, 윤임
- 배경 : 왕실에서 인종의 외척과 명종의 외척이 대립함
- 원인 : 문정 왕후가 ④ [ ]을 하고, 윤임이 모함을 받음
- 결과 : 윤임·유관·유인숙 등이 죽고 사림파 선비들이 유배 감

109쪽

3 사건 노트의 빈칸을 채우세요.

No. 1

- 사건 : 임진왜란
- 발생 : 1592년 ① [ ] 112~122쪽
- 주요인물 : 임금 [ ],
  이순신, 곽재우, 권율 장군 등
- 배경 : 도요토미 히데요시가 일본 통일.
  조선은 전쟁 준비 미흡
- 원인 : 일본군 부산 앞바다에 상륙
- 결과 : 이순신, 곽재우, 의병과
  승군 등이 치열하게 맞
  섰지만 큰 피해를 입음

No. 2

- 사건 : ② [ ] 123~126쪽
- 발생 : 1597년
- 주요인물 : 임금 선조, 이순신,
  도요토미 히데요시 등
- 배경 : 1차 임진왜란 중 협상이 진
  행되어 전쟁이 잠시 멈춤
- 원인 : 일본이 협상을 깸
- 결과 : 1598년 8월 도요토미 히데
  요시가 죽으며 일본군 철수.
  7년 동안의 전쟁으로 조선은
  농경지 소실, 문화재 소실

No. 3

130~131쪽 ③

◦사건 :

◦발생 : 1627년

◦주요인물 : 임금 인조, 후금 군사 등

◦배경 : 중립 외교를 펼치던 광해군이 쫓겨남

◦원인 : 인조의 친명배금 정책으로 후금이 물자난에 시달림

◦결과 : 후금과 형제 관계를 맺음

No. 4

◦사건 : 병자호란

◦발생 : 1636년

◦주요인물 : 임금 인조, 청 태종, 소현 세자 등

◦배경 : 후금이 중국을 통일하며 '청' 나라를 세운 후 위세를 떨침

◦원인 : 조선이 청과 군신 관계 맺기를 거부함

◦결과 : ④ 131~133쪽 굴욕, 세자와 수많은 신하들이 인질이 되어 청나라로 끌려감

주사위 놀이를 해요.

＊11장에서 만든 주사위, 말을 사용해요.

1	10 조선의 정치·사회·문화적 토대가 성숙해져요.	11	20 가난한 자의 집에 선물처럼 곡식이 생겨요.
2 임금이 여러 가지 편찬 사업을 지원해요.	9	12 권력과 출세에 눈먼 자들이 개혁 세력을 모함해요.	19
3	8 임금이 젊고 뛰어난 인재를 발탁해요.	13	18 의적이 등장해요.
4 수많은 사림파 선비들이 유배를 가고 죽어요.	7	14 도적 떼가 들끓고 백성의 삶이 고달파져요.	17
5	6 폭군의 시대가 시작돼요.	15	16 돈으로 재물을 사고파는 일이 많고 흉년이 계속돼요.

❖놀이법

- 두 사람 이상이 편을 나누고 가위바위보로 주사위 던질 순서를 정해요.
- 현재 칸에서 주사위 수가 가리키는 숫자를 더해 나온 수로 말을 이동해요.
- 어떤 칸에 도착했을 때 화살표가 있다면 그에 따라 한 번 더 이동해요.
- 40이 넘는 수에 먼저 도달하는 사람이 이겨요.

임진왜란 당시 이순신 장군의 깃발을 내 손으로 그린다면?

전투 깃발의 역할을 생각해 보세요.

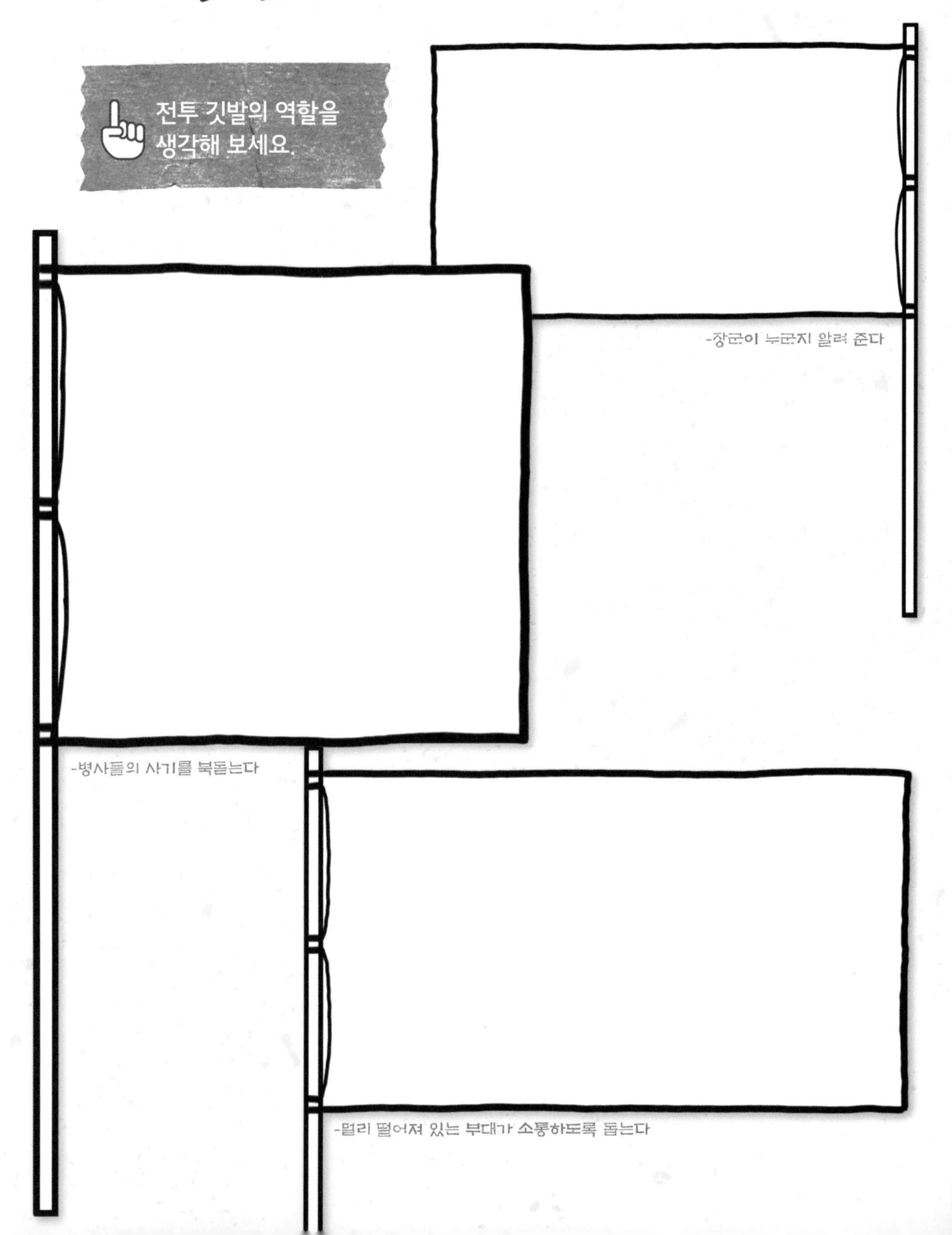

역사를 반성하는 의미를 담아 새 비석을 만들어 봐요.

❖ 오른쪽 사진은 병자호란에서 승리한 청나라 태종이 자신의 공덕을 기리라며 강제로 세운 '삼전도비'입니다. 우리가 삼전도비를 대신해 새 비석을 세운다면 어떤 내용을 담는 게 좋을까요?

16장 |

조선의 르네상스 -영·정조 시대

1 임금님 머릿속엔 무엇이 들어 있을까요?

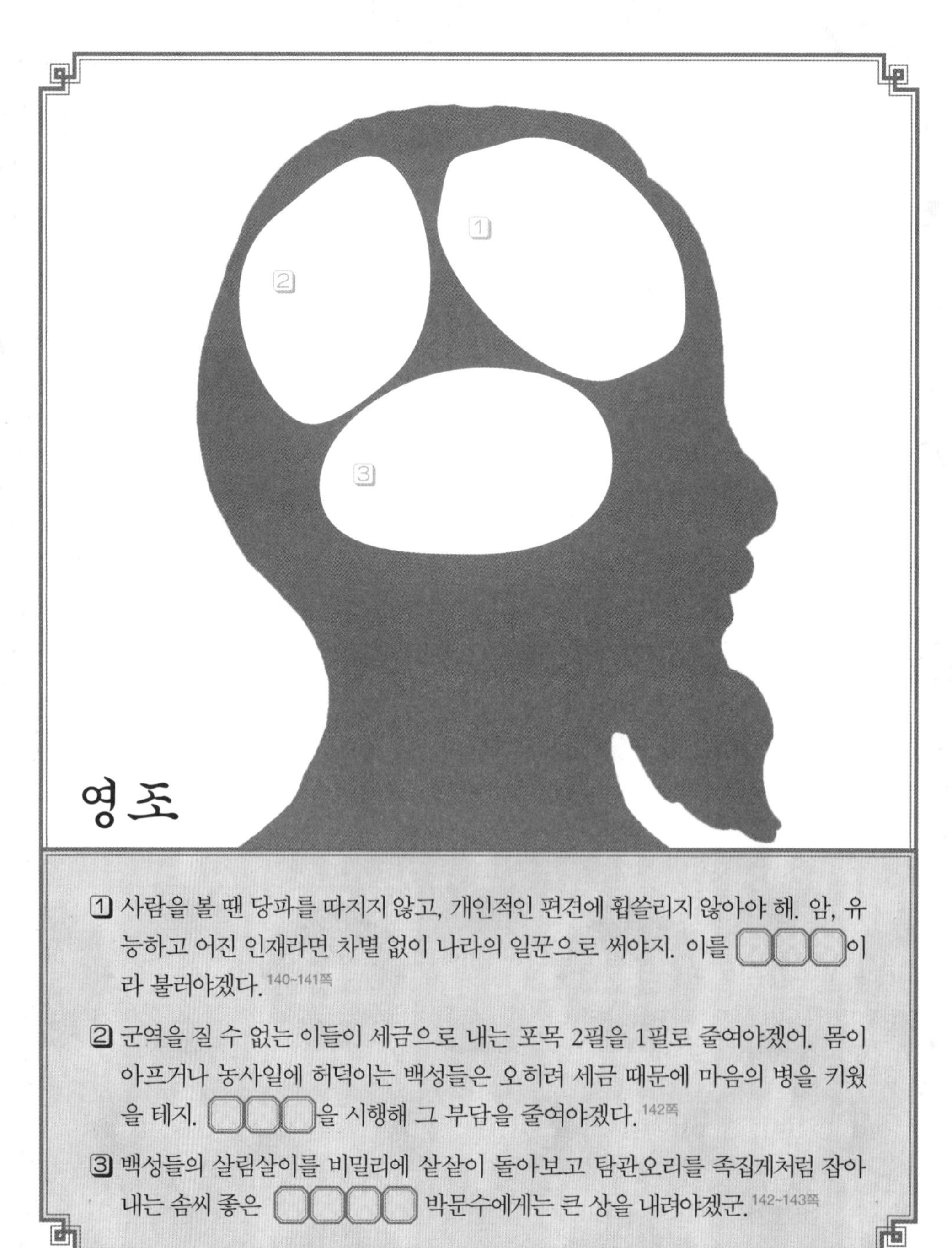

1 사람을 볼 땐 당파를 따지지 않고, 개인적인 편견에 휩쓸리지 않아야 해. 암, 유능하고 어진 인재라면 차별 없이 나라의 일꾼으로 써야지. 이를 ☐☐☐이라 불러야겠다. 140~141쪽

2 군역을 질 수 없는 이들이 세금으로 내는 포목 2필을 1필로 줄여야겠어. 몸이 아프거나 농사일에 허덕이는 백성들은 오히려 세금 때문에 마음의 병을 키웠을 테지. ☐☐☐을 시행해 그 부담을 줄여야겠다. 142쪽

3 백성들의 살림살이를 비밀리에 샅샅이 돌아보고 탐관오리를 족집게처럼 잡아내는 솜씨 좋은 ☐☐☐☐ 박문수에게는 큰 상을 내려야겠군. 142~143쪽

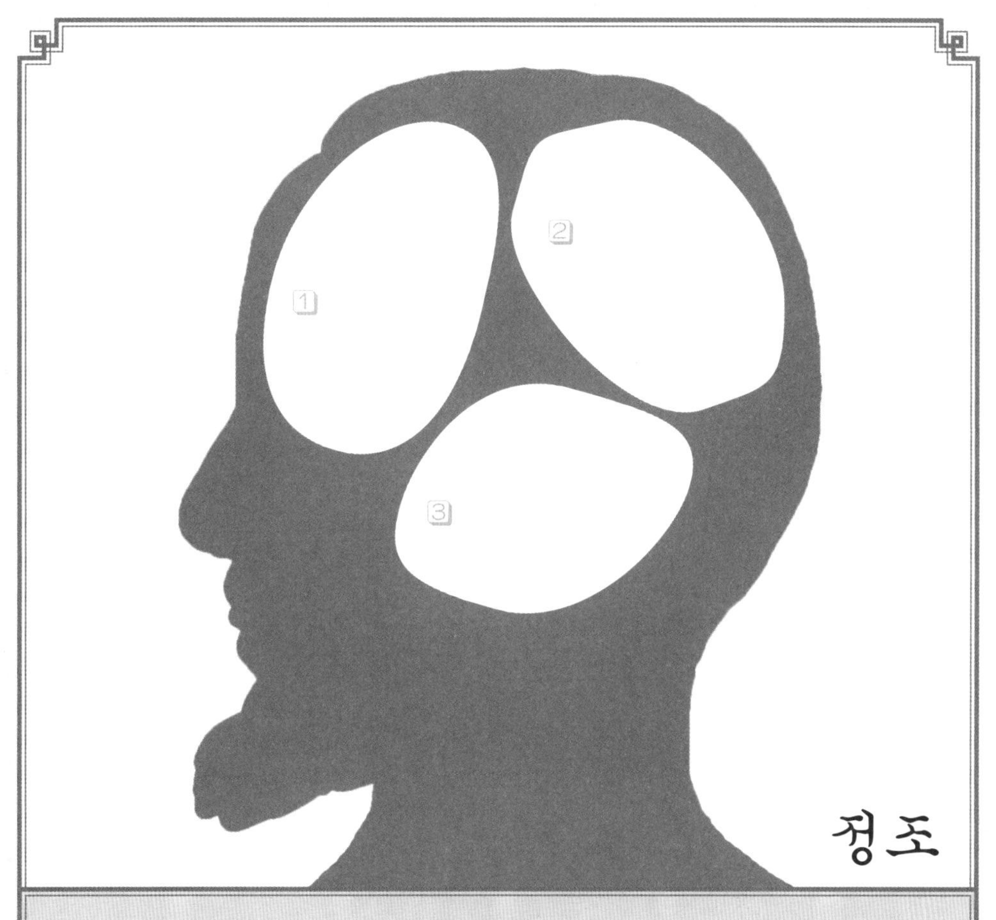

4 내 이곳 ☐☐☐에서 학문을 연구하고 새로운 정치를 펼 준비를 하겠다. 가장 신임할 수 있는 인물들과 함께 새로운 미래를 건설해 보이겠다. 145~146쪽

5 정약용과 서유구 같은 젊은 ☐☐자들은 조선을 바꿀 만한 놀라운 아이디어를 잘도 내놓는단 말야? 아주 현실적이면서도 신선한 그 이야기들은 분명 귀 기울여 볼 가치가 있어! 146쪽

6 나는 여러 차례 죽음의 고비를 넘겨 이 나라 왕이 되었어. 보다 강력한 왕권을 다지기 위한 새로운 계획도시가 필요한 지금, 수원에 ☐☐을 짓고 그곳을 개혁의 중심지로 발전시켜야겠어. 148쪽

단어를 완성해 보세요.

① 화폐가 발달하면 경제가 발달하는 모양이야. ㅅㅍㅌㅂ를 쓰면서 전보다 장시 풍경이 활달해졌어.

139쪽

상평
통보

147쪽

② 억울해도 하소연할 데가 없으니. 에라, 이참에 나도 능행에 나 가 보랴? ㅈㅈ 임금께 꽹과리를 칭칭 울려 고해바칠까 보다.

③ 우리 아버지 일하시는 수원 화성에서 거중기를 봤는데, 무거운 돌을 번쩍번쩍 들더라. 황소도 그렇겐 못할걸? 실학자 ㅈㅇㅇ 어른이 만든 거래.

148쪽

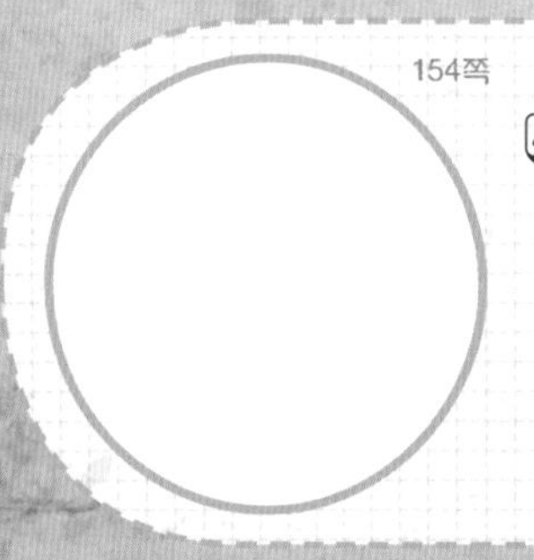

154쪽

④ ㅁㄴㄱ라는 게 참 신통하구먼! 모를 모판에 길러 논에 옮겨도 잘만 자라니, 1년에 땅을 두 번 굴려 두 작물을 키우니 이모작이라……. 얼쑤!

❖ 숙종, 영조, 정조 시대를 살아간 조선 후기 백성들의 말을 들어봐요.

5 5일에 한 번씩 열리는 ㅈㅅ에 가 봤소? 한양 종로 시전에는 전국에서 올라온 지역 특산품은 물론이요, 바다 건너온 물건까지 없는 게 없더라니까!

154~156쪽

157쪽

6 오늘은 ㅈㄱㅅ 양반이 「춘향전」 한 대목 푼다는데, 그냥 아침나절부터 가슴이 두근 반 세근 반 뛰네. 시간아, 빨리 가라. 어서 가라!

7 아이고, 속 시원하다. 양반이라고 어깨 힘 들어간 것들 욕을 탈꾼들이 실컷 해 주니 ㅌㄴㅇ가 내 삶의 보약이로다.

156~157쪽

158쪽

8 요새 세상엔 왕후장상의 씨가 따로 없다 싶어. 영조 임금님이 ㄴㅂㅈㅁㅂ을 시행하고 난 다음엔 노비가 평민이 되더니만 재물로 공명첩을 산 평민이 양반 행세를 하질 않나.

임금님 말씀을 법으로 여기는 나라

붕당 정치에 대해 생각해 보세요.

❖ 비어 있는 네 번째 말풍선을 채워 보세요.

꿈은 이루어진다

이제 저도 양반인 게 확실하지요?
그럼. 내 감쪽같이 멀끔한 양반 족보를 만들어 준다지 않았나.

동헌
이 쌀을 주고 공명첩을 받으면 나도 양반이라 이거지!

아니, 김 서방! 이게 얼마만인가.
아니! 이 사람 말 조심하게!

에헴, 김초시. 이리 보니 자네 인물이 참 훤칠하구먼.

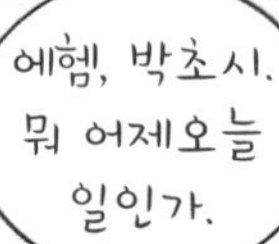
에헴, 박초시. 뭐 어제오늘 일인가.

양반이 되니 좋은가?
좋고말고. 군역에 나가지 않아도 되는 게 제~일 좋다네.

이게 누군가! 김 서방과 박 서방 아닌가! 몰라볼 뻔했네!
아니, 정 서방도?

4 흔들리는 신분 제도에 대해 생각해 보세요.

1 양반이 되는 방법을 적어 보세요.

2 양반이 많아지면 어떤 문제가 생길까요?

3 당시 여러분이 평민이었다면 양반이 되기 위해 노력했을까요? 그렇게 생각하는 이유를 함께 적어 보세요.

나는 양반이 되고 싶다 / 싶지 않다. ______

______

______

______

민화를 그려 보세요.

❖ 민화에 등장하는 동물이나 식물은 특별한 의미를 담고 있어요. 빈칸에 나만의 상징물을 쓰고 그림에 넣어 봐요.

6 내가 만약 한양 장시를 구경했다면?

❖ 한양으로 이사를 와서 난생처음 장시 구경을 한 아이의 이야기를 완성해 보세요.

할머니, 제 얘기 좀 들어 보세요. 장시에 갔더니 정말 근사했어요.

고려는 어떤 나라였을까

1 [1] 기인 제도 [2] 사심관 제도 [3] 훈요 10조 [4] 노비안검법 [5] 과거 제도 [6] 봉사

2 [1] 천민(노비) [2] 음서 제도 [3] 공음전 [4] 문벌 귀족 [5] 승려 [6] 팔관회, 연등회

3 생각열쇠 신분 차별 없이 누구나 부담 없이 함께 어울릴 수 있는 행사라면 좋겠지요?

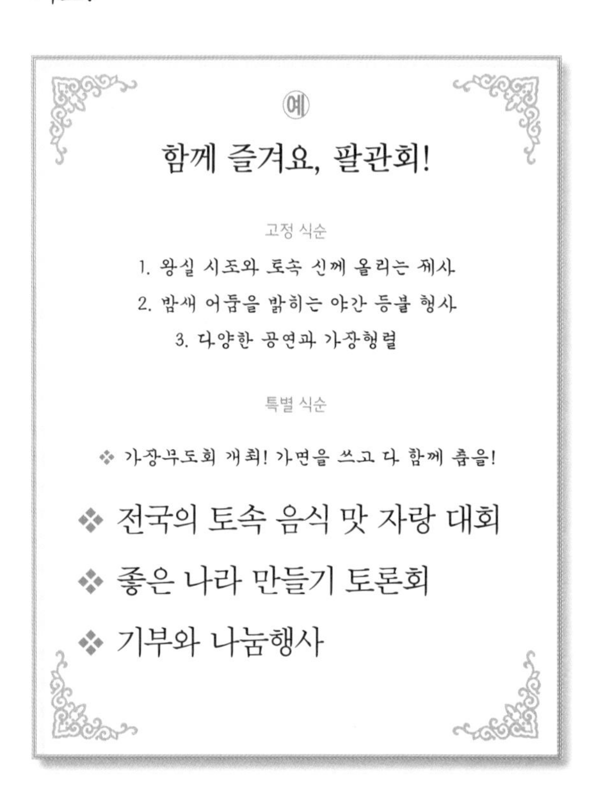

4 **생각열쇠** '훈요 10조'를 읽어 보면 고려 시대의 문화나 풍습이 엿보여요. 그 시대를 살아간 지도자의 고민이 담겨 있으니까요. 우리도 21세기 지도자의 마음으로 평소 생활에서 느낀 여러 가지 문제점을 돌아봐요. 그리고 그 문제점을 해결하기 위해 후세에게 남기고 싶은 교훈 10가지를 만들어요. 그것이 어려울 때는 태조 왕건의 훈요 10조를 21세기 버전으로 바꿔 보세요.

예

21세기 대통령의 훈요 10조

1. 국민 각자 원하는 종교를 믿을 수 있도록 하라.
2. 종교 간에 갈등이 없도록 하라.
3. 국민이 선거로 뽑은 사람이 대통령이 되게 하라.
4. 다른 나라 풍습 중 좋은 것은 가져다 우리에 맞게 고쳐 써라.
5. 대통령은 전국 모든 지역에 골고루 관심을 기울여라.
6. 온 국민이 즐겁게 참여할 수 있는 행사를 만들어라.
7. 상벌을 분명히 하라. 특히 잘못한 공무원에 대한 처벌은 엄격히 하라.
8. 지역에 따라 공무원을 가려 뽑거나 특정 지역을 차별하지 마라.
9. 공무원들의 월급을 이유 없이 올리지 마라.
10. 누구나 책을 읽을 수 있게 도서관을 많이 지어라.

11장 외세의 침략과 왕실의 혼란

1 [1] 강동 6주 [2] 귀주 [3] 별무반 [4] 동북 9성

2 ㉠ 파렴치한 이자겸의 난, 무시무시한 무신정변, 용감한 만적의 난, 응원하고 싶은 망이·망소이의 난

3 [1] 이자겸 [2] 묘청 [3] 무신정변 [4] 이의민 [5] 도방, 정방 [6] 만적

4 **1 생각열쇠** 22쪽 참고자료를 보며 두 책의 공통점과 차이점을 생각해 보세요.
㉠ 둘 다 삼국 시대를 다룬 책이지만 내용이 다르다. 『삼국유사』는 『삼국사기』 이후에 만들어진 책으로 『삼국사기』에서 다루지 않은 내용을 중심으로 썼다.
2 생각열쇠 컵을 앞에서 위에서 옆에서 밑에서 볼 때, 방향에 따라 모습이 달리 보이지요. 사물만 그런 게 아니에요. 사건도 어떻게 바라보느냐에 따라 해석이 달라져요. 이때 무언가를 바라보는 입장이나 태도를 관점이라고 해요. 관점은 역사가(또는 역사책)의 개성이 될 수도 있고, 잘못하면 한계가 될 수도 있어요.
㉠ 내가 생각하는 좋은 역사책은 객관적인 입장에서 사실을 전하려고 노력하는 책이다. 역사를 잘 모르는 사람이 한쪽 면만 부각된 역사책을 읽으면 그것이 사실 그 자체라고 믿을 수 있기 때문이다.

5 **1** 거란(요나라)의 침입, 여진의 침입, 묘청의 난, 무신의 난…….

2 생각열쇠 반성문에는 자신이 무엇을 잘못했는지, 반성의 의미를 담아 어떤 일을 할 것인지 다짐과 약속을 적지요. 내가 선택한 인물이 잘못한 일이 무엇인지 써 보세요. ㉲ **이름** 이자겸 **내용** 저는 권력을 독차지하려고 나쁜 짓을 많이 저질렀습니다. 딸들을 여러 왕에게 시집 보내 왕의 장인과 할아버지가 되어 권력을 휘둘렀습니다. 부정한 방법으로 재산을 모으고, 뇌물을 받고 벼슬을 주기도 했습니다. 게다가 손자인 왕, 인종이 나를 내쫓으려 한 것을 알고 별궁에 가두기까지 했습니다. 이런 일을 저지른 탓에 나라가 엉망이 되고 왕실의 권위는 땅에 떨어졌습니다. 이처럼 큰 잘못을 저지른 데 대해 크게 반성합니다. 이제 모든 재산을 가난한 백성들을 위해 내놓겠습니다. 용서해 주신다면 지방으로 내려가 농사를 지으며 조용히 살겠습니다.

몽골과의 30년 전쟁

1 [1] 몽골 [2] 귀주성 [3] 다루가치 [4] 강화도 [5] 처인성 [6] 삼별초 [7] 탐라도

2 [1] 심왕 [2] 충 [3] 변발, 호복 [4] 기씨

3 **1 생각열쇠** 『스토리텔링 초등 한국사 교과서』 2권 50~52쪽, 62~63쪽을 참고하세요. ㉮ 고려가 대장경판을 만든 목적은 부처님의 힘으로 전쟁을 이겨 내려는 것이었다. 현재 대장경판은 해인사에 보관되어 있는데, 국보 제33호로 지정되어 있으며 유네스코 세계문화유산이기도 하다.

2 생각열쇠 고려가 대장경을 만든 원래 목적은 전쟁에서 승리하기 위해서였어요. 하지만 전쟁은 패배로 끝났지요. 이러한 역사 상황을 돌아보며 대장경의 가치를 생각해 보세요. 그리고 그렇게 생각하는 근거를 정리해서 함께 적어 보세요. ㉮ 고려가 몽골의 침입을 막고자 대장경을 만든 것은 잘못한 일이다. 차라리 그 시간에 군사를 훈련시키거나 무기를 만들었다면 피해가 덜했을지도 모른다. 대장경을 만드느라 들인 노력은 몽골과의 전쟁에서 아무 소용이 없었다.

4 **1 생각열쇠** 『스토리텔링 초등 한국사 교과서』 2권 50쪽을 참고하세요. ㉮ 원래는 승려였으나 몽골이 고려에 쳐들어오자 백성들을 이끌고 충주로 가는 길목, 처인성에서 전투를 벌여 승리했다. 충주성에서도 몽골군에 맞서 70여 일이나 싸웠다.

2 생각열쇠 김윤후는 군의 사기를 북돋기 위해 노비 문서를 불태우고 말과 소를 나누어 주기도 했답니다. ㉮ 곧 몽골군이 쳐들어올 것이다. 그러나 우리는 이미 처인성에서 몽골군을 물리친 경험이 있다. 겁내지 말고 싸워라. 여기서 물러선다면 우리 고려는 끝이다. 우리에게 고려의 운명이 달려 있다. 힘껏 싸우면 신분을 가리지 않고 벼슬을 내리겠노라.

5 생각열쇠 몽골 침입 당시 대부분의 평민은 글을 몰랐어요. 글자를 모르는 사람들이 전쟁을 피하기 위해 어떤 그림을 그렸을지 상상해 보세요.

흔들리는 고려

1 [1] 지직 변발 [2] 지직 호복 [3] 지지지 이문소 [4] 지직지직지 쌍성총관부 [5] 지지직 홍건적

2

❶
가난한 백성에게서 자녀를 사들인 자가 3년이 지나도 놓아주지 않으면 철저히 조사해 형벌을 내리겠노라. _공민왕 원년(1352) 임진년

67쪽 ❷
ㄴ

❸
신돈을 유배 보냈는데, 조정의 신하들과 헌사(憲司)에서 번갈아 글을 올려 사형할 것을 건의하므로 그에 따라 즉시 극형에 처했다. _공민왕 20년(1371) 신해년

68쪽 ❹
ㄱ

❺
“내가 이치를 들어서 회군을 요청하는 글을 올렸으나 주상께서는 잘 살피지 않으시고 최영 또한 노쇠해 말을 듣지 않는다.”_우왕 14년(1388) 무진년 5월

77쪽 ❼
ㄷ

3 **1**

2 **생각열쇠** 어느 쪽을 선택하든 이유를 말해 보세요. 반대 의견을 낸 장군을 설득하고 위로하는 내용이 들어가면 더 좋겠지요. ㉠예 두 장군은 들으시오. 나도 잃어버린 우리 영토를 되찾고 싶소. 하지만 지금은 좋은 때가 아닌 듯하오. 최영 장군의 말도 일리는 있으나 좀 더 준비한 후에 정벌에 나서는 것이 현명한 일인 것 같소. 그러니 두 장군은 지금부터 군사 훈련과 무기 제작을 차근차근 준비해 우리 고려군의 힘을 키워 주시오.

4 **생각열쇠** 신문 속 한 컷 만화의 가장 큰 특징은 풍자적인 성격이에요. 풍자란 어떤 문제점을 드러내고 비판해 웃음을 자극하는 것이지요. 이때 그림 실력만큼 중요한 것은 그림에 담긴 메시지랍니다. 그러니 내가 전하고 싶은 내용이 무엇인지부터 생각해 보세요.

1 ㉠예 위화도 회군

2 ㉠예 위화도 회군 당시 이성계의 속마음을 그려 본다. **장면** 군사를 앞에 두고 연설하는 이성계 장군의 모습. 그런데 서로 다른 표정의 두 얼굴이다. 하나는 심각한 표정, 하나는 뒤쪽으로 고개를 돌려 웃음을 참는 표정. **이성계 말주머니** 더 이상은 참을 수 없다, 말을 돌려라! **이성계의 생각주머니** 이제, 고려는 내 손 안에 있다!

3 ㉠예 두 얼굴의 장군

14장 조선의 건국과 발전

1 [1] 이성계 [2] 정도전

2 [1] 삼강행실도 [2] 훈민정음 해례본 [3] 용비어천가 [4] 월인천강지곡
[5] 농사직설

3 튼튼한 뿌리는 태조 굳건한 줄기는 태종 풍성한 가지는 세종

4 생각열쇠 발명은 이전까지 세상에 없던 물건을 만들어 내는 일이지요. 한 번쯤 "이런 물건은 왜 없을까?" 하고 공상에 빠져 본 일이 있다면, 왜 그런 물건을 상상하게 되었는지, 어떤 특징과 장점을 지녔는지 소개해 보세요. ㊎ 제가 이번에 만든 발명품은 저절로 청소되는 '깔끔이 바닥'입니다. 깔끔이 바닥은 하나당 사방 60cm 타일로, 누구나 쉽게 조립해서 쓸 수 있습니다. 저는 퇴근 후에도 청소를 하시느라 바쁜 엄마를 위해 깔끔이 바닥을 만들었습니다. 그럼 사용법을 말씀드리지요. 청소를 하고 싶다면 집 밖으로 나와 스위치를 누르면 끝. 정전기가 작동해 먼지들이 타일 밑 먼지 구멍 속으로 빨려 들어갑니다. 제가 밖에서 줄넘기 50번을 뛰는 사이 자, 집 안 먼지는 깔끔하게 사라졌습니다. 앞으로 물청소 가능한 '반짝이 바닥'도 개발할 예정이니 많은 관심 부탁드립니다.

5 **생각열쇠** 그림에 자신이 없다면? 대사와 지문만으로 표현해 보는 개성 있는 만화는 어떨까요? 자유롭게 표현해 보세요.

예

팔방미인 세종대왕

그림 : 세종대왕 동상을 향해 걸어가는 두 아이
아이1 : 너, 존경하는 위인이 누구야?
아이2 : 나, 세종대왕!

그림 : 세종대왕 동상 앞에 선 두 아이
아이1 : 왜 존경하는데?
아이2 : 한글을 만드셨으니까. 세종대왕 아니었음 우린 지금 한자를 쓰고 있었을 거 아냐! 난 한자 진짜 싫어. 너무 어려워!

그림 : 세종대왕 동상을 돌아보는 두 아이
아이1 : 그건 그렇네. 근데 세종대왕을 존경하는 이유가 그것뿐이야? 세종대왕이 한 일이 얼마나 많은데.
아이2 : 나도 알아. 물시계, 해시계 그런 것도 만들었잖아!

그림 : 여전히 세종대왕 동상 앞에서
아이1 : 이런 무식한 녀석! 그건 장영실이고. 세종대왕은 장영실이 그런 일을 할 수 있도록 벼슬을 주었지. 또 최해산에게 천자포를 개발하게 하고 쓰시마의 왜구도 정벌했어.
아이2 : 그래, 팔방미인 세종대왕이라 내가 존경한다니까!

15장 사화와 국난의 극복

1 [1] 단종 [2] 갑자 [3] 선조 [4] 대동 [5] 중립 [6] 인조

2 [1] 연산군 [2] 임사홍 [3] 사림파 [4] 수렴청정

3 [1] 선조 [2] 정유재란 [3] 정묘호란 [4] 삼전도

4 생각열쇠 화살표를 따라가며 역사 속 인과 관계를 보다 쉽게 이해해요.

5 생각열쇠 전투 깃발의 여러 가지 역할을 생각하며 그려 보세요. 이순신 군대의 특징이라 할 만한 거북선, 이순신이 남긴 명언 '죽으려 하면 살고 살려고 하면 죽는다' 같은 구호를 적어 볼 수도 있겠지요.

6 생각열쇠 비석에 새긴 글 '비문'은 기억을 보존하는 역할을 해요. 인류는 기록과 기억의 중요성을 알게 된 아주 먼 옛날부터 비문을 써 왔어요. ㉠예 우리는 청나라와의 전쟁에서 안타깝게 패했다. 슬프고도 분한 일이다. 그러나 슬픔도 분노도 잊지 말아야 할 것이다. 반드시 기억해 또다시 다른 나라로부터 침략당하는 일은 없도록 힘써야 할 것이다. 강한 나라가 되자.

16장 조선의 르네상스 -영·정조 시대

1 1 탕평책 2 균역법 3 암행어사 4 규장각 5 실학 6 화성

2 1 상평통보 2 정조 3 정약용 4 모내기 5 장시 6 전기수 7 탈놀이 8 노비종모법

3 **생각열쇠** 하나의 세력이 권력을 휘두르는 상황에서는 다양한 입장과 권리가 조화를 이루기 어려워요. 붕당 정치는 그런 권력 독점을 예방하지요. 다만 붕당이 권력 싸움의 도구가 되면서 붕당 정치가 제 역할을 하지 못해 영조는 '탕평책'이라는 해결법을 제시했지요. 이는 붕당 정치의 폐해를 보완하는 정책이었어요. 붕당에 대한 기본 설명은 『스토리텔링 초등 한국사 교과서』 2권 136쪽을 참고하세요. ㉠ 자기들의 권력을 위해 당을 이용한 각 당파가 잘못된 것이지 붕당 정치 자체가 잘못되었다고 할 수는 없습니다.

4 **1** ㉠ 관리에게 돈을 주고 호적을 바꾼다. 쌀이나 돈을 내고 공명첩을 받는다. 양반의 족보를 몰래 산다.

2 **생각열쇠** 양반 수가 많아지면 전체 인구 중 평민의 비율이 줄어들어요. 평민이 줄고 양반이 늘면 경제적으로 또는 문화적으로 어떤 영향을 미칠지 추측해 보세요. ㉠ 양반이 늘어나면 세금을 내고 나랏일에 동원되는 평민 수가 줄어들어 나라 살림이 어려워진다. 신분은 별 의미가 없어진다.

3 생각열쇠 양반이 되면 좋은 점은 무엇일까요? 혹시 불편한 점은 없을까요? 평민의 삶과 비교해서 생각해 보세요. ㉠ 나는 양반이 되고 싶다. 양반이 되면 힘든 일에 동원되어 나가지 않아도 된다. 옆집 박 서방처럼 다리라도 다치면 큰일이 아닌가? 게다가 양반이 되면 평민들 앞에서 잘난 척할 수도 있고. 그동안 양반들에게 당한 수모를 생각하면 하루라도 양반으로 살아 보고 싶다. 하지만 요즘은 세상이 바뀌어 양반도 별 게 아닌 것 같아 고민스럽기는 하다.

5 **생각열쇠** 민화는 사실적인 표현보다는 자유로운 상상력이 빚어 낸 익살스럽고 우스꽝스런 표현이 많아요. 이러한 특징을 생각하며 자유롭게 민화를 그려 봐요.

6 **생각열쇠** 『스토리텔링 초등 한국사 교과서』 2권 154~157쪽을 참고하세요. ㉠ 할머니, 제 얘기 좀 들어보세요. 장시에 갔더니 정말 근사했어요. 종로 시전 거리에는 사람이고 물건이고 너무 많아서 정신을 차릴 수 없을 정도예요. 각지에서 올라온 난생처음 보는 물건은 말할 것도 없고 일본이나 중국에서 온 신기한 물건이 잔뜩해요. 참, 할머니! 탈놀이 본 적 있어요? 탈을 뒤집어 쓴 사람들이 노래도 하고 춤도 추는데 정말 웃겨요. 어느 주막집 담벼락 옆에서는 전기수라는 사람이 이야기를 들려주고 있었어요. '심청'이라는 여자애의 이야기인데 어떤 아줌마는 그 이야기를 들으며 눈물을 흘리더라고요. 할머니, 우리 한양으로 오길 잘한 것 같아요. 정말, 눈 감을 새도 없이 재미있었어요!

지은이

이정화　초중고 학생들과 함께 책 읽고, 토론하고, 논술 수업도 하는 선생님입니다. 독서교육 교재를 10년 넘게 집필해 왔으며, 대학원에서 교육심리를 공부했습니다. 더 많은 어린이들과 책 읽기의 즐거움을 나누고 싶어 글을 쓰기 시작했습니다. 지은 책으로『열 살에 배운 법, 백 살 간다』등이 있습니다.

김정화　서울 북쪽 끝 한신초등학교에 재직 중이며 행복한 교실 만들기를 꿈꾸고 있습니다. 역사책은 세상을 떠난 사람들의 목소리를 들려주는 마술 마이크 같은 힘이 있는 게 아닐까 싶어, 이 책을 만드는 동안 역사책 만들기에 푹 빠졌습니다. 역사를 공부하는 어린이들이 사람을 사랑할 줄 아는 어른으로 성장하길 바랍니다.

최이선　서울 등원초등학교에서 선생님으로 일하며 언젠가 학교가 어린이를 위한 진짜 놀이터가 되기를 꿈꾸고 있습니다. 인류의 지혜를 하나하나 되짚어 보는 것이 역사의 재미라고 여기는 선생님은, 이 책으로 전하고 싶은 귓속말이 딱 하나 있습니다. '암기하지 말고 상상력과 호기심을 펼쳐 보자. 그것이 역사 공부니까!'

스토리텔링 초등 한국사 교과서 활동책 ②

고려 시대부터 조선 후기까지

1판 1쇄 발행일 2014년 9월 1일 • **1판 4쇄 발행일** 2019년 3월 13일
글 이정화, 김정화, 최이선 • **그림** 조성덕, 경혜원
펴낸이 김태완 • **편집장** 이미숙 • **편집** 김정숙, 송예슬 • **디자인** 안상준 • **마케팅** 이용구, 민지원
펴낸곳 (주)도서출판 북멘토 • **출판등록** 제6-800호(2006. 6. 13.)
주소 03990 서울시 마포구 월드컵북로 6길 69(연남동 567-11) IK빌딩 3층
전화 02-332-4885 • **팩스** 02-332-4875

ISBN 978-89-6319-108-9 64910
978-89-6319-110-2 64910 세트

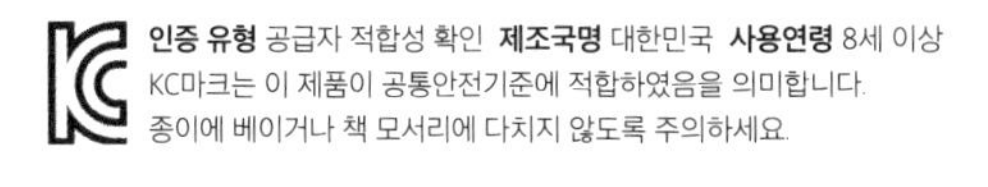

윷놀이 방법과 놀이 재료

윷놀이 방법

1. 윷과 말을 준비하세요. (윷이 없다면 옆에 마련된 전개도를 사용해 주사위를 만드세요. 말은 그 뒷장에서 오려 사용하세요.)
2. 두 사람 이상이 짝을 맞춰 편을 나눠요.
3. 윷 또는 주사위 던질 순서를 정해요.
4. 말은 윷이나 주사위가 나온 만큼 움직여요.

* 도는 1칸, 개는 2칸, 걸은 3칸, 윷은 4칸, 모는 5칸, 뒷도는 -1칸(뒤로 1칸).

5. 같은 편 말끼리 한 칸에 놓이면 업을 수 있어요. 업힌 말은 업은 말과 함께 움직여요. 업지 않으면 따로 움직여요.
6. 편이 다른 말끼리 한 칸에 놓이면 나중에 온 말이 먼저 온 말을 '잡았다'고 해요.
7. 6에서 잡힌 편은 20쪽 퀴즈 찬스를 사용하세요. 정답을 맞추면 그 자리에 남을 수 있지만, 틀리면 잡힌 말은 처음으로 돌아가 다시 시작해야 해요.
8. 시작점으로 말들이 먼저 다 빠져나온 편이 이겨요.

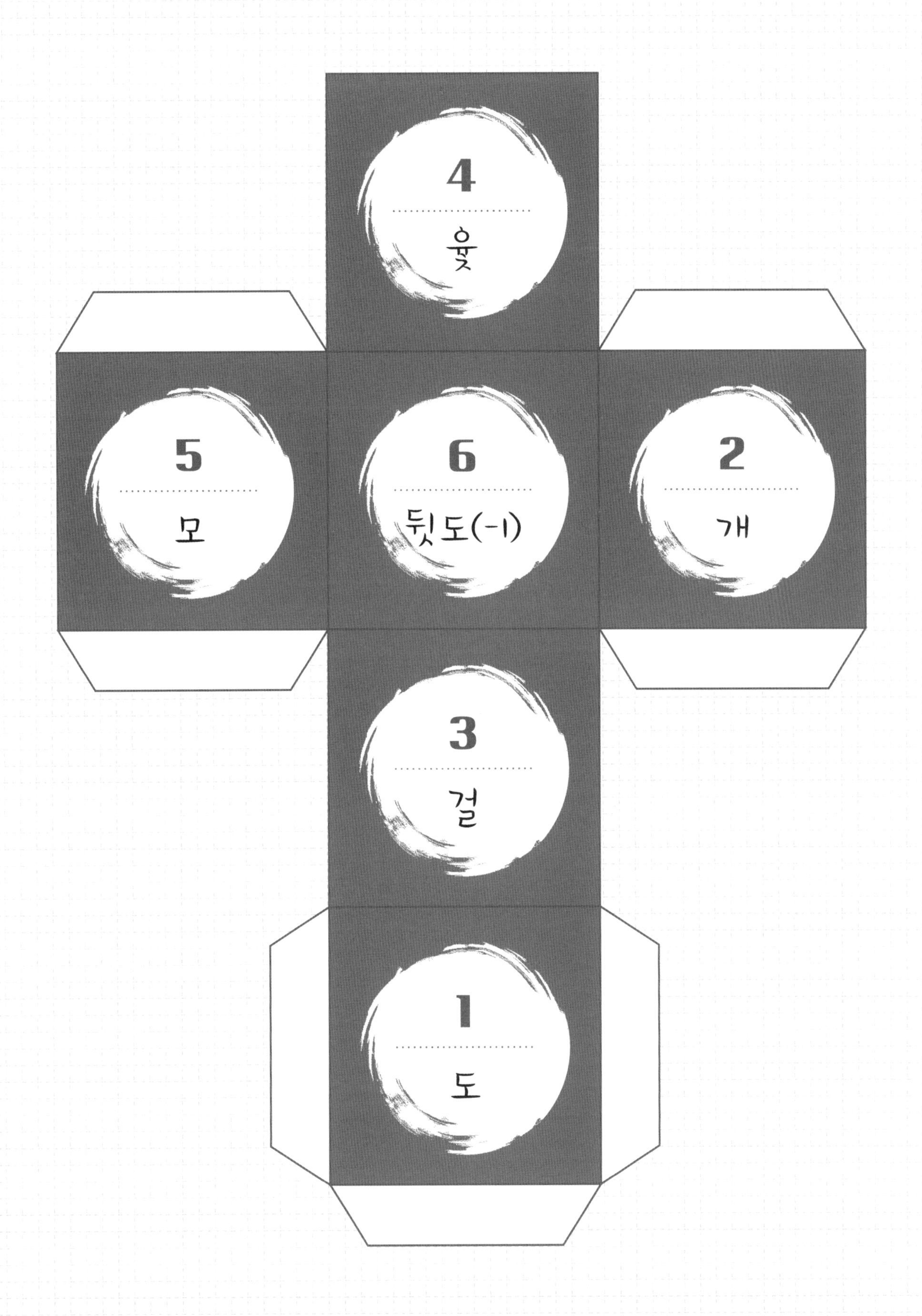
4
윷
5
모
6
뒷도(-1)
2
개
3
걸
1
도

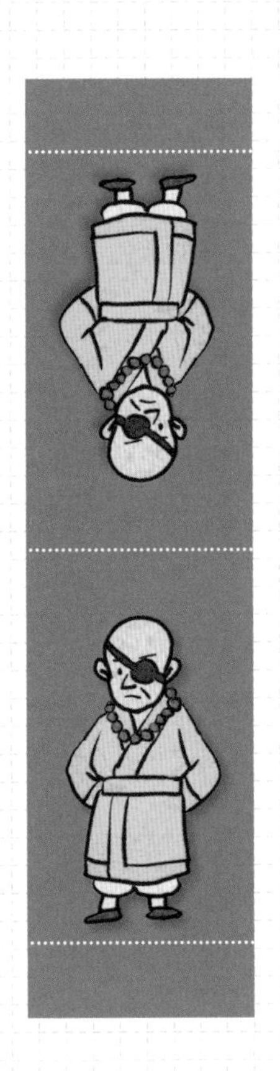
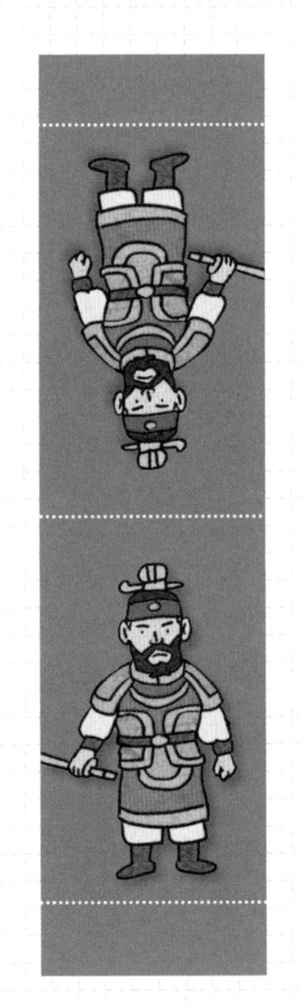
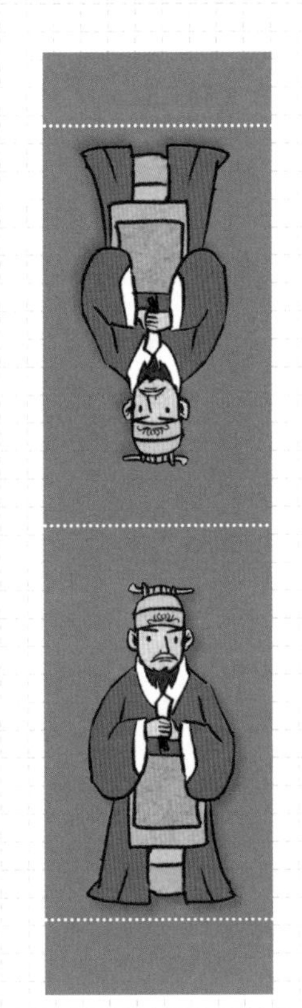

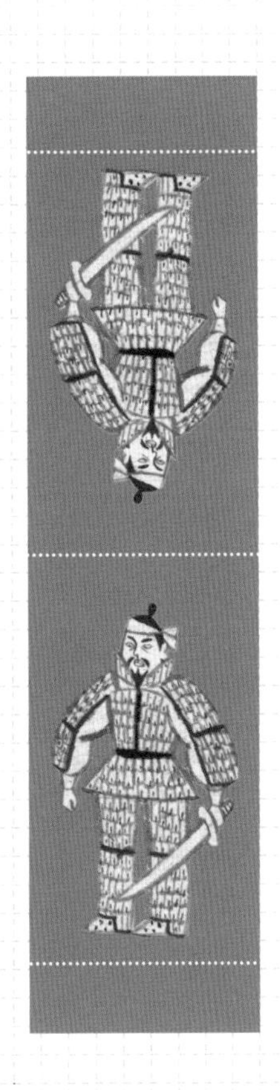
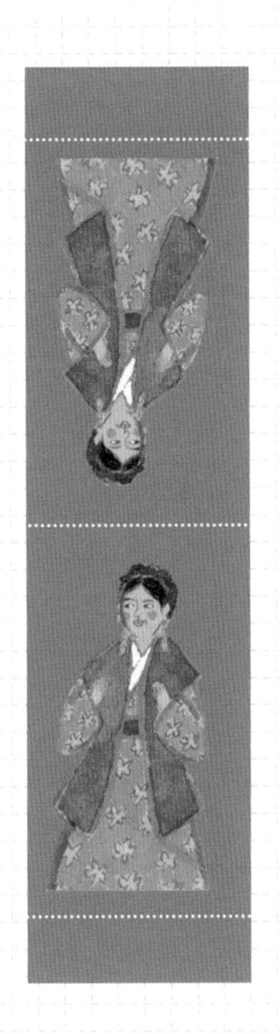
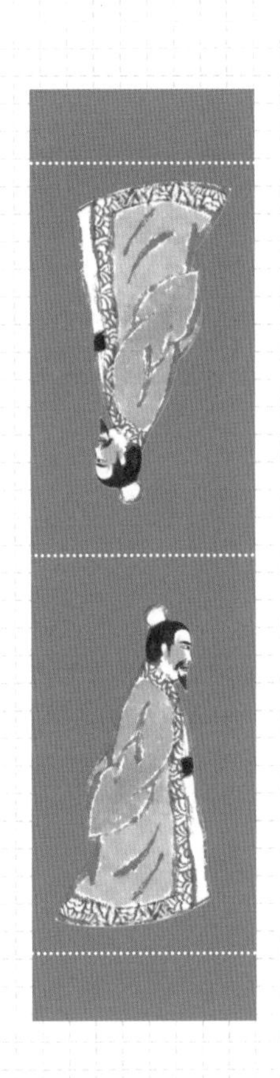
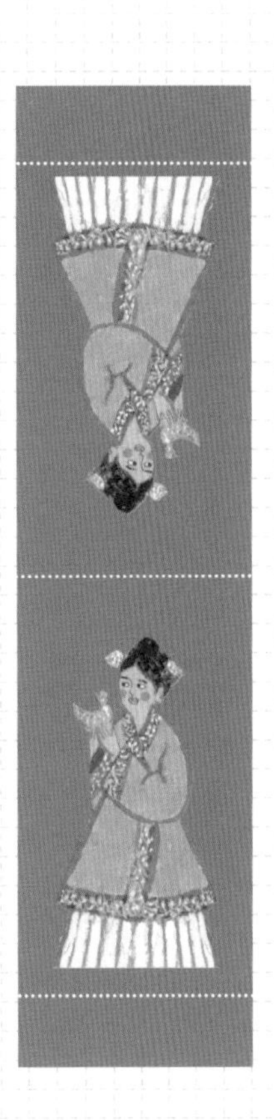

반으로 접어서 안쪽을 풀로 붙인 뒤,

아래쪽 점선을 바깥쪽으로 접어 쓰세요.